古代纪历文献丛刊⑤

增补玉匣记

[东晋]许真君　著

闵兆才　编校

华龄出版社
HUALING PRESS

图书在版编目（CIP）数据

古代纪历文献丛刊. 5, 增补玉匣记 /（东晋）许真君著 ; 闵兆才编校. -- 北京 : 华龄出版社, 2024. 10.

ISBN 978-7-5169-2864-6

Ⅰ. P194.3

中国国家版本馆 CIP 数据核字第 2024WR2366 号

责任编辑	梁玉刚	**责任印制**	李未圻
责任校对	张春燕	**装帧设计**	世纪拓普

书　　名	古代纪历文献丛刊．5 增补玉匣记	**作　　者**	（东晋）许真君
出　　版 发　　行	华龄出版社 HUALING PRESS	**编　　校**	闵兆才
社　　址	北京市东城区安定门外大街甲 57 号	**邮　　编**	100011
发　　行	(010)58122255	**传　　真**	(010)84049572
承　　印	天津新华印务有限公司		
版　　次	2024 年 10 月第 1 版	**印　　次**	2024 年 10 月第 1 次印刷
规　　格	710mm × 1000mm	**开　　本**	1/16
印　　张	23.5	**字　　数**	357 千字
书　　号	ISBN 978-7-5169-2864-6		
定　　价	58.00 元		

目　录

新镌许真君玉匣记增补诸家选择日用通书卷一

新镌许真君玉匣记增补诸家选择日用通书卷二

新镌许真君玉匣记增补诸家选择日用通书卷三

新镌许真君玉匣记增补诸家选择日用通书卷四

原序一

盖闻时日干支，分别孤虚旺相；诹咨选择，稽查休咎吉凶。尽有祷祀虽殷，反成灾异；亦多祭醮告切，未见福临。揆厥由来，非斋戒之不洁；究其所以，实趋避之乖方。是故，太卜之官，一惟机祥是测；下至詹尹之职，岂忘端策之求？用只用双，必分吉凶而酌用；或外或内，须辨生克以施行。历古至今，占书充栋，但或狃于旧例，以致用或违宜。

是惟《玉匣》，肇自旌阳；当年铁树驱龙，永镇妖氛之孽；黄金点瓦，代偿逋税之烦。白日身飞，丹炉功溥；特检灵宝之秘，用申乩笔之仙。为吉为凶，开卷而降示了了；宜趋宜避，指述而开载历历。从此利有攸往，不论士庶工商；行见罄无不宜，何分冠婚丧祭！得之秘授，非比谬悠；凡所禁防，各资查阅。搜罗殆尽，不必别求异书；广辑微言，益以弘兹新集。诚身家性命之切要，岂星相医卜之乏观也哉！

原序二[1]

旌阳许真君，驱孽龙于铁树，永镇妖氛；点瓦石为黄金，代偿民税。功行浩大，拔宅上升，而救世之心，惓惓不已。阅下民之祷祠祭醮，不知禁忌，往往求福而致灾；乃检灵宝之章，托诸乩笔，而降示人间，名曰《玉匣记》。凡六十甲子之中，登斋修建，吉凶禁忌，福利休祥，无不具载，而瑜伽之教，亦有斋醮吉凶之期，盖出三藏法师秘授，与《玉匣记》并行不悖。

古先王设太卜之官、詹尹之职，吉事用双，凶事用单，外事用刚，内事用柔。故诹择之书，三教圣人所不废也。是书之行，海内尊尚已久，奎壁主人从而广之，今已三订，益为增补。巨而入觐临民，细而纳畜制器，士、农、工、商之所宜，冠、婚、丧、祭之攸利，无不备焉。于以宜民淑世，岂曰小补云乎哉！

时康熙甲子嘉平月瑯琊王相晋升识

① 此篇序言为编校者所加。

新镌许真君玉匣记增补诸家
选择日用通书卷一

武林　朱说霖（雨畴）　重校

许真君《玉匣记》日期[①]

真君见世人作福酬愿[②]，拜表上章，建斋设醮[③]，或吉或凶，作福作祸。有人家祈禳[④]反生灾祸，破败子孙者，此事不知如何？真君考天曹[⑤]案内简簿看之，盖因凡师只取五福[⑥]利者超荐先祖，六甲[⑦]在日，不知六甲旬中[⑧]天曜或在地府，或在人间，致令受生殃祸。真君遂录之，名之曰“玉匣记”，付国师道士奏闻，见其祸福。其法不问天隔、地隔、神隔、鬼隔[⑨]，看此六甲旬中，自然并知吉凶也。

甲子、乙丑日——诸神在地，若人建醮还愿，求男乞女祈福者，受福十倍。计都星[⑩]在天上受福，若人作福，大吉兆也。

丙寅日——诸神在天，若人求福还愿，会祀山川，召魂代命[⑪]，反受其殃。如用此日作福，大凶。

丁卯、戊辰、己巳日——诸神在地，若人求福，拜表祭祀，召魂代命，设醮求男乞女，度厄[⑫]拜章，收福十倍。用此三日，大吉利。

庚午、辛未日——诸神在天，曹辇石[⑬]下，在地府，若人求福、祭祀、还愿、奏章拜表，主人疾厄，大凶。

壬申日——诸神在天，止于地府，若人求福祭祀、上表拜章，求男乞女，收福十倍，大吉。

癸酉日——祭祀河伯[14]水官，用之大吉，其余求福者凶。

甲戌、乙亥日——诸神在天，不在人间、地府，若人求福，门首立愿，即得神下，却去其殃，其门首用辰时祭则吉。

丙子、丁丑、戊寅日——诸神破天，曹运上门西河，犛石运砂直岸，若人求福，反招横祸及损人口。此三日大凶。

己卯、庚辰日——诸神下地府，若人求福，利益子孙，荣华富贵。此日天释生日，得四十四日大吉。

辛巳日——诸神在天门，作河运石土塔二三日，在彼不歇辛苦，若人求福，主死亡，子孙三代穷乏逃散，招官司口舌，大凶。

壬午、癸未日——诸神在天，若人求福，主待二年后，主人死，田蚕不收，口舌官司。不可祭祀，令人落水及风火之灾，大凶。

甲申、乙酉日——诸神在天，降下地府、人间，若人求福、祭祀、还愿、上表拜章、答谢天地、祈禳灾厄，收福十倍，此二日大利。

丙戌、丁亥日——诸神在天，降下人间、地府，若人求福、祭祀、还愿、上章进表，获福无量功德，大吉庆也。

戊子、己丑日——诸神在人间、地府，若人求福、祭祀、酬恩了愿，大吉。若此日咒诅，大凶，释解[15]不得。

庚寅日——诸神在天，会算簿案，求福、祭祀、笺奏了愿，损师人[16]，大凶。

辛卯日——诸神在地府，若人立愿、召魂代命、设荐先亡[17]，用之平平。

壬辰、癸巳日——诸神在天，系使元时[18]勘会生死文簿，若人求福祭祀，反生疾病，损邻舍，伤师人，大凶。

甲午日——诸神普降人间，若人求福，上章进表、补谢五土[19]社官[20]、许福表忏，注生真君，其日收福十倍，利益子孙，上吉大利。

乙未日——诸神在天，若人求福，必得小吉。

丙申、丁酉、戊戌日——诸神在天，侍玉帝[21]殿前，造合生死文簿，注天上天下万民善恶，求福，主大凶。

己亥日——诸神在天，从玉帝差，降人间、地府，求福、祭祀、上表章、召魂，主人寿长，大吉。

庚子、辛丑日——诸神在天，若人祭祀、求福，主疾病有灾，大凶。

壬寅、癸卯日——诸神记会之簿，若人求福、许愿、答谢天地，百事大吉。

甲辰日——诸神在天宫，求福，大凶。

乙巳日——诸神在人间、地府，求福、祭祀、了愿，收福十倍，大吉。

丙午日——诸神在天，不在人间，求福，大凶。

丁未日——诸神在地府，若人求福、了愿、上表拜章，大吉。

戊申日——诸神在天，不在人间、地府，求福了愿者，损家长，伤师人，凶。

己酉日——上界天赦[22]，若人求福，进田蚕，大吉。

庚戌、辛亥日——诸神在天上，作福河伯道使，小小祈福，半吉；如上章拜表，大凶，反受灾殃横祸也。

壬子、癸丑日——诸神在天宫，若人求福了愿、拜章上表，主伤人口、损田蚕，用此二日，大凶。

甲寅、乙卯日——诸神在人间、地府，若人求福、上章拜表、答谢天地、酬恩了愿、延生度厄，大吉。

丙辰、丁巳、戊午、己未日——诸神俱在天，若人求福、祭祀，主人家召祸，损六畜，此四日大凶。

庚申日——是五福问道天下，一应诸神降黄道[23]，朝玉帝，此日开天门，作福祭祀、修斋上表，福有十倍，大吉利。

辛酉日——诸神从玉皇差，降人间、地府，若人求福，反致大凶。

壬戌、癸亥日——乃六神[24]穷日，人间求福，犯孤寡[25]，百事不利，大凶。

【注释】

①许真君《玉匣记》日期：本篇又名《六十甲子用神祈福吉凶日》，是全书的总纲。许真君（239—374），名逊，字敬之，豫章郡南昌县长定乡益塘坡慈母村（今江西省南昌市高新区麻丘镇附近）人，

享年136年。

②作福酬愿：修行福泽，向神灵酬还所许的愿。作福：谓作善事而获福祉。

③建斋设醮（jiào）：即斋醮，斋醮是建斋和设醮的合称。建斋是通过斋戒和奏告的过程来办正事。设醮是道士设立道场祈福消灾。建斋设醮为道教设坛祭祷的一种仪式，即供斋醮神，借以求福免灾。其法为清心洁身，筑坛设供，书表章以祷神灵。斋醮，能表达炎黄子孙的生存需求和美好愿望。中国道教继承民族文化，在民间信仰和民俗的基础上发展演绎的斋醮仪式，形成了道教多种用途的斋醮科仪，大则为国祝釐、禳解灾疫、祈晴祷雨；小则安宅镇土、禳灾解厄、祈福祝寿、度亡生方等。在凡人所希求的事多有用斋醮祈祷之法。

④祈禳（ráng）：祈祷上天降福，消除灾祸。

⑤天曹：天上神灵居处。

⑥五福：旧时所说的五种福泽，即：一曰寿（长寿），二曰富，三曰康宁，四曰攸好德，五曰考终命（善终）。

⑦六甲：这里指六个以甲开头的干支数，即甲子、甲戌、甲申、甲午、甲辰、甲寅。道教认为，六甲为阳，为天帝所役使，能“行风雷，制鬼神”，可以召请“祈禳驱鬼”。

⑧六甲旬中：古人以十天干即甲、乙、丙、丁、戊、己、庚、辛、壬、癸与十二地支即子、丑、寅、卯、辰、巳、午、未、申、酉、戌、亥相配合，用来记录时间（年、月、日、时），构成六十个表示时间的单位，即：

①甲子　②乙丑　③丙寅　④丁卯　⑤戊辰
⑥己巳　⑦庚午　⑧辛未　⑨壬申　⑩癸酉
⑪甲戌　⑫乙亥　⑬丙子　⑭丁丑　⑮戊寅
⑯己卯　⑰庚辰　⑱辛巳　⑲壬午　⑳癸未
㉑甲申　㉒乙酉　㉓丙戌　㉔丁亥　㉕戊子
㉖己丑　㉗庚寅　㉘辛卯　㉙壬辰　㉚癸巳
㉛甲午　㉜乙未　㉝丙申　㉞丁酉　㉟戊戌

㊱己亥	㊲庚子	㊳辛丑	㊴壬寅	㊵癸卯
㊶甲辰	㊷乙巳	㊸丙午	㊹丁未	㊺戊申
㊻己酉	㊼庚戌	㊽辛亥	㊾壬子	㊿癸丑
51甲寅	52乙卯	53丙辰	54丁巳	55戊午
56己未	57庚申	58辛酉	59壬戌	60癸亥

“六十甲子”中的每个单位都可以依次分别代表不同的年、月、日、时。在“六十甲子”中，天干从甲至亥，每与地支配合一轮，其数为十，共配合六轮。六甲旬中，指的是以“六十甲子”记日中的从甲至亥的十日。旬，十日为一旬。又，下文的甲子日、乙丑日、丙寅日等，均表日。

⑨天隔、地隔、神隔、鬼隔：均为日神类神煞。

⑩计都星：又称豹尾星，九曜中的一个凶星。

⑪代命：指代替父母长辈受灾受难。

⑫度厄：摆脱困苦。厄：困苦，灾难。

⑬曹辇石：利用河道，或用车拉石头。曹：通“漕”。

⑭河伯：本来专指黄河之神，后来泛指江河之神。水官：道家所说的三官之神之一。三官之神，即天官、地官、水官。

⑮释解：解脱，摆脱。

⑯师人：众人。师：众，多。

⑰先亡：指死去的先辈。

⑱元时：元日。元日为吉日。

⑲五土：又称五地，指山村、川泽、丘陵、水边平地、低洼地等五种土地。

⑳社官：社神，即土地之神。

㉑玉帝：即玉皇大帝，又称“上皇”。号称“昊天金阙至尊玉皇上帝”。姓张，名坚，故俗称“张玉皇”。生于正月初九，总管三界十方，是神鬼世界的最高主宰，中国民间信仰的最高神。

㉒天赦：从辰名。为赦免罪过的星辰。从辰，星相家、选择家语，指以阴阳五行配合岁、月、日、时而定出的各种吉凶神煞，凡吉神所理

之方、所在之时，宜做某事，而凡凶煞所理之方、所在之时，则忌做某事。星命家亦以之附会人事，判断命运吉凶。

㉓黄道：古人认为太阳绕地而行，黄道就是想象中太阳绕地而行的轨道。

㉔六神：旧时星命家从年、月、日、时的干支五行与日干的五行生克关系中定出六神，即：财、官、印、食、伤、煞。

㉕孤寡：即孤辰、寡宿。旧时星命家认为人命犯此星辰则孤寡，妇女尤忌。定此星辰以年柱地支为主。如北方一气的亥子丑，丑前一位为寅，寅即为孤辰，亥后一位为戌，戌即为寡宿。东方一气的寅卯辰，辰前一位为巳，巳即为孤辰，寅后一位为丑，丑即为寡宿。南方一气的巳午未，未前一位为申，申即为孤辰，巳后一位为辰，辰即为寡宿。西方一气的申酉戌，戌前一位为亥，亥即为孤辰，申后一位为未，未即为寡宿。

【译解】

许真君先生看到世人为了求福还愿，或上书天神，或设坛祈祷，然而其结果有时吉、有时凶，有时降福、有时遇祸，有的人本要祈福消灾，结果反而招致灾祸，殃及子孙。其中的道理不知为何？于是真君查阅神界的书簿档案，发现是因为人们只知道用五种福泽超度祖先，只知道在六甲之日行事，却不知道这每一天中，各种神煞是在阴间，还是在人世，所以才导致逢祸遭灾。于是真君便加以记录，取名为《玉匣记》。交付做国师的道士，上奏朝廷，让天下人知道有关的祸福。其方法不问天隔、地隔、神隔、鬼隔诸神煞，只要看这六甲旬，自然能预知有关的吉凶。

甲子、乙丑日 此二日群神在地上。如果人们设坛还愿，求子祈福，群神将受福十倍。此日计都星在天上受福，如果人们作福，则为大吉之兆。

丙寅日 此日群神在天界。如果人们要求福还愿，祭祀山川，召魂代命，反而会遭受祸殃。如果在此日作福，也将大凶。

丁卯、戊辰、己巳日　此三日群神在地府。如果人们上书求福，召魂祭祀，设坛求子，摆脱困苦，将收福十倍。在此三日行事，大吉大利。

庚午、辛未日　此二日群神在天界，用漕运和拉车的办法向低处运石头，在地府，如果人们求福祭祀，还愿上书，则必遭疾病之苦，大凶。

壬申日　此日群神在天界，又下到地府。如果人们求福祭祀，上书求子，将收到十倍之福，大吉。

癸酉日　此日用于祭祀河神水伯，则大吉大利；用于其他求福之事，则凶。

甲戌、乙亥日　此二日群神在天界，不在人间，也不在地府。如果人们求福，在门首立愿，神灵便能降下，消除灾殃。其门首用辰时祭祀则吉利。

丙子、丁丑、戊寅日　此三日群神在运河劳作。如果人们求福，反而招致灾祸，损伤人口。此三日大凶。

己卯、庚辰日　此二日群神下到地府。如果人们求福，将有利于子孙，使其荣华富贵。此日是天帝解脱生灵的日子，能得到四十四日大吉。

辛巳日　此日群神在天门作运河石土坝二三日，不辞辛苦。如果人们求福，必有死亡之灾，且子孙三代穷困逃离，并有官司口舌之灾，大凶。

壬午、癸未日　此二日群神在天界。如果人们求福，二年后主人将死去，田蚕不收，且有口舌官事之灾。此二日不可祭祀，否则便有落水及风火之灾，大凶。

甲申、乙酉日　此二日群神在天界，又降到地府和人间，如果人们求福祭祀，还愿上书，答谢天神地祇，祈求消灾，将收到十倍之福。此二日大吉大利。

丙戌、丁亥日　此二日群神在天，又降到人间、地府。如果人们求福还愿，上书祭拜，将获福无量，功德无比，实属大吉大庆。

戊子、己丑日　此二日群神在人间、地府。如果人们求福还愿，大吉大利。如果此二日用于诅咒别人，则大凶，且无法摆脱。

庚寅日　此日群神在天界整理会算簿案。如果求福祭祀，上书还愿，则必将损害众人，大凶。

辛卯日　此日群神在地府。如果立誓愿召魂代命，超度先人亡灵，则不吉也不凶，此日平平常常。

壬辰、癸巳日　此二日群神在天界查看生死文簿。如果求福祭祀，反而会导致疾病，损害邻居，伤害众人，大凶。

甲午日　此日群神全部降临人间。如果人们上书求福，感谢社神，许福忏悔，必将收福十倍，有利于子孙，大吉大利。

乙未日　此日群神在天界。如果人们作福，一定能得到小吉小利。

丙申、丁酉、戊戌日　此三日群神在天界，侍奉玉皇大帝于殿前，制作生死簿，记录上下万民功德善恶。如果此时求福，必遭大凶。

己亥日　此日群神在天界，听从玉帝的差遣，降临人间和地府。如果求福祭祀，上书召魂，便能使人寿命增长，大吉大利。

庚子、辛丑日　此二日群神在天界。如果人们祭祀求福，必将生病遭灾，大凶。

壬寅、癸卯日　此二日群神记录簿册。如果人们求福许愿，答谢天地，便能百事大吉。

甲辰日　此日群神在天宫。如果求福，将会大凶。

乙巳日　此日群神在人间和地府。如果求福还愿，将收到十倍之福，大吉。

丙午日　此日群神在天界，不在人间。如果人们求福，则会大凶。

丁未日　此日群神在地府。如果人们求福还愿，上表拜章，则大吉。

戊申日　此日群神在天界，不在人间和地府。若求福还愿，将有损家长，伤害众人，凶。

己酉日　此日由主管赦免罪过的天赦星神主事。若人求福，必使田蚕丰收，大吉。

庚戌、辛亥日　此二日群神在天界。如果在河伯道上作福，若是小小祈福，诸事将有一半吉利；若上书进表，必大凶，反而遭受灾祸。

壬子、癸丑日 此二日群神在天宫。如果上书求福还愿，将伤人口，损害田地和桑蚕。在此二日做事，大凶。

甲寅、乙卯日 此二日群神在人间和地府。如果人们求福上书，酬谢天地，报恩还愿，将延长生命，度过困苦，大吉。

丙辰、丁巳、戊午、己未日 此四日群神都在天界。如果求福祭祀，人将遭祸害，六畜受损。此四日大凶。

庚申日 此日五福问道天下，群神朝见玉帝，天门大开。如果作福祭祀，修斋上书，将有十倍之福，大吉大利。

辛酉日 此日群神听从玉皇差遣，降临人间、地府。若人求福，反而招致大凶。

壬戌、癸亥日 此二日正值六神不得志。如果人间求福，则犯孤辰、寡宿，百事不利，大凶。

法师选择记

贞观元年正月十五日，唐太宗皇帝宣问诸大臣僚："朕[①]见天下万姓，每三四日长明设斋[②]求福，如何却有祸生？"当时三藏和尚[③]奏："万姓设斋之日，值遇凶神，故为咎者皆是不按《藏经》[④]内值吉神可用之日，所以致此。臣今录《藏经》内《如来[⑤]选择记》奏上，见其祸福由日之吉凶也。"

甲子日——是善财童子[⑥]捡斋，还愿者子孙昌盛、生福招财，此日大吉。

乙丑、丙寅日——是阿罗汉[⑦]尊长者与天神下降，有人设斋还愿者，衣禄万倍，财宝自然，大吉庆也。

丁卯日——是司命[⑧]捡斋，若人还愿者，反善为恶，主损人口，大凶。

戊辰、己巳日——是哪吒太子[⑨]捡斋，若人设醮还愿者，反善为恶，大凶。

庚午日——是青衣童子[10]捡斋，还愿者主万倍富贵兴旺，大吉庆之兆。

辛未日——是三途饿鬼[11]在世捡斋，还愿者主破财，伤六畜，大凶。

壬申、癸酉日——是判官[12]在世捡斋，设醮还愿者主一年内有祸，大凶。

甲戌、乙亥、丙子、丁丑、戊寅、己卯六日——是马鸣王菩萨在世捡斋[13]还愿者得福无量，诸事大吉。

庚辰、辛巳、壬午日——是狰狞神[14]恶鬼在世捡斋，设斋者主伤人口，生疾病，家中常有血光火烛，一年大凶。

癸未日——是野妇罗杀[15]（捡斋），设斋者主一年内人口破散，大凶。

甲申、乙酉、丙戌日——是阿弥陀佛[16]说法之日，建醮还愿者，主三年内获福万倍，子孙兴旺，龙神护佑，百事大吉。

丁亥日——是朱雀神[17]在世，设斋还愿者，主官非口舌、灾疫侵害，大凶。

戊子日——是冥司[18]差极忌神在世，设斋还愿者，主官非、口舌、灾病，凶。

己丑日——是司命真君差童子在世捡斋，若人还愿者，主人口安宁，获福无量，平安大吉。

庚寅、辛卯日——是畜神[19]在世，设斋还愿者，主破财损畜，大凶。

壬辰日——是阿难尊者[20]与青衣童子在世捡斋，若人还愿，主子孙昌盛，三年获福无量，大吉大利。

癸巳日——是恶神游行，设斋还愿者，主三年不利，大凶。

甲午、乙未、丙申、丁酉、戊戌、己亥、庚子、辛丑日——是文殊[21]、普贤与青衣童子在世捡斋，此八日还愿者，获福无量，衣禄万倍，百事大吉。

壬寅、癸卯日——是观世音菩萨[22]行化之日，设醮还愿者，主儿孙得福，后世生净土[23]，所生男女十相俱足，此二日大吉。

甲辰、乙巳日——是天下四角大神[24]在世捡斋，还愿者反善为恶，主凶。

丙午、丁未日——是牛头夜叉[25]在世捡斋，还愿者三年内伤人口，大凶。

戊申、己酉日——是千佛下世，设斋酬恩还愿者，主福禄万倍，财利兴旺，子孙昌盛，六畜孳生，大吉兆也。

庚戌、辛亥日——是一切贤圣同游天下，建斋祈福者得福无量，大吉。

壬子、癸丑、甲寅、乙卯日——是诸佛圣贤同恶树在世，设斋还愿求福者，此四日平平。

丙辰、丁巳日——是大头金刚[26]在世捡斋，此二日大凶。

戊午日——是诸圣不受，愿心不明，此日大凶。

己未日——是释迦、如来同诸菩萨在世，设斋酬恩者，主财物兴隆，福禄无量，此日大吉。

庚申、辛酉日——是释迦文佛说法之日，设斋酬愿者，主家宅平安，福利兴旺，子孙荣贵，大吉兆也。

壬戌、癸亥日——是诸佛不捡斋之日，不必用之。

【注释】

①朕：古代帝王的自我专称。

②长明设斋：点起长明灯设斋供佛。长明，指长明灯，佛家燃灯供于佛前，昼夜不灭，故称。

③三藏和尚：指唐代佛教高僧玄奘法师。佛教以经、律、论为三藏。经为佛所自说，律记戒规，论是经义的解释。后把通晓三藏的僧人称三藏法师，省称“三藏”。

④《藏经》：佛教经典的总称。又称为《一切经》《大藏经》，省称《藏经》《佛藏》《释藏》。

⑤如来：即如来佛，佛教的最高神，此即佛祖释迦牟尼。

⑥善财童子：释迦牟尼弟子，名善财。

⑦阿罗汉：省称“罗汉”，指佛教徒中修行达到一定品位的人。佛教徒修行有四个阶段的成就，每一成就叫一个果位，共一果、二果、三果、四果四等，其中四果就是阿罗汉果。

⑧司命：神名，一种小神。

⑨哪吒太子：佛家护法神，传说为毗沙门天王之子。

⑩青衣童子：传说中的神仙，身穿青衣，故称。

⑪三途饿鬼：即三途之中的饿鬼。三途，又作“三塗”，佛教指地狱、饿鬼、畜生。

⑫判官：指冥府官吏，阎王爷的主要助手。判官不止一位，主要的有四位：掌刑判官、掌善判官、掌恶判官、掌生死簿判官。判官都由人间名臣死后充任。判官的地位高低有别，其中掌生死簿的判官为首席判官，由崔府君充任。

⑬马鸣王：即马明王，蚕神。

⑭狰狞神：一种凶煞。

⑮野妇罗杀：野妇：又称野婆，指古代南方的野人，多为女性。罗杀：又作罗刹，佛教中恶鬼的通称。

⑯阿弥陀佛：又称无量清净佛、无量寿佛或无量光佛。佛教净土宗以阿弥陀佛为西方“极乐世界”的教主。阿弥陀，意为“无量”。

⑰朱雀神：凶煞之一。

⑱冥司：冥府当局。

⑲畜神：一种凶神。

⑳阿难尊者：释迦牟尼十大弟子之一。

㉑文殊：菩萨名。全称文殊师利，意为“妙德”“妙吉祥”。在大乘佛教中，文殊智慧第一，被尊为第一菩萨，是智慧的象征。普贤：菩萨名，又译为“遍吉”。与文殊同为佛祖释迦牟尼的近侍或主要助手。

㉒观世音菩萨：菩萨之一，省称“观音菩萨”，俗称“观音大士”。为“大慈大悲救苦救难”的菩萨，自佛教传入中国以来，为中国历代民众崇拜的神。

㉓净土：佛教所说的庄严洁净的极乐世界。

㉔四角大神：一种凶神。

㉕夜叉：天龙八部众神之一，是佛经中一种形象凶恶的鬼，天龙八部，佛教的八个部类的护法神，由于以天、龙为首，故称。又称龙神八部、八部众。

㉖金刚：佛教护法神，以手持金刚杵而得名。

【译解】

大唐贞观元年正月十五日，唐太宗向群臣问道："朕看到天下百姓，每隔三四日便要点起长明灯设斋供佛、祈求福祉，可是为什么其间却往往横生祸患?"三藏法师奏道："这是因为百姓设斋之日，正遇凶神主事。百姓不按《藏经》中所定吉神主事之日行事，便常常招致灾祸。臣现在把《藏经》中的《如来选择记》奏上，据此可以看到祸福完全取决于行事之日的吉凶。"

甲子日　此日是善财童子查看斋供。设斋还愿者，将子孙昌盛，生福发财。此日大吉。

乙丑、丙寅日　此二日是阿罗汉与天神下降。若有人设斋还愿，将有万倍的财宝和福禄，大吉大庆。

丁卯日　此日是司命查看斋供。若有人还愿，将适得其反，求善不成反得恶，损伤人口，大凶。

戊辰、己巳日　此二日是哪吒太子查看斋供。如果有人设置斋醮还愿，善反过来成为恶，大凶。

庚午日　此日是青衣童子查看斋供。若人还愿，将富贵万倍，兴旺发达，有大吉大庆之兆。

辛未日　此日是三途中的饿鬼查看斋供。如在此日还愿，将使财富破损，六畜受到伤害，实属大凶。

壬申、癸酉日　此二日由冥府中的判官在世上查看斋供。设斋还愿者，将在一年内有祸患，大凶。

甲戌、乙亥、丙子、丁丑、戊寅、己卯日　此六日是由马鸣王菩萨在世上查看斋供。若此时还愿，获福无量，万事大吉。

庚辰、辛巳、壬午日　此三日由狰狞神恶鬼在世上查看斋供。此时设斋，将伤人口、患疾病，家中常有殴斗和火灾，一年内大凶。

癸未日　此日由野妇、罗刹主事。若要设斋，一年内人口失散，大凶。

甲申、乙酉、丙戌日　此三日是阿弥陀佛宣说佛法之日，设坛还愿者，将在三年内获福无限，子孙兴旺发达，神灵保佑，百事大吉。

丁亥日　此日朱雀神在世间。设斋还愿者，将有官非口舌之灾、疾病之害，大凶。

戊子日　此日冥府差遣极忌神在世上主事。设斋还愿者，将有官非口舌和疾病之灾，凶。

己丑日　此日司命真君差遣童子在世上查看斋供。若人还愿，将使人口安宁，获福无限，平安大吉。

庚寅、辛卯日　此二日是畜神在世。设斋还愿者，将使财产遭破、家畜受损，大凶。

壬辰日　此日是阿难尊者与青衣童子在世上查看斋供。若有人还愿，将使子孙昌盛，三年内获福无量，大吉大利。

癸巳日　此日恶神游行。设斋还愿者，三年内不利，大凶。

甲午、乙未、丙申、丁酉、戊戌、己亥、庚子、辛丑日　此八日是文殊菩萨、普贤菩萨与青衣童子在世上查看斋供。此八日还愿，福禄无限，百事大吉。

壬寅、癸卯日　此二日是观世音菩萨行化之日。设坛还愿，将使儿孙有福，后世进入极乐世界，所生男女十相皆备，此二日大吉。

甲辰、乙巳日　此二日由四角大神在世上查看斋供。还愿者将求善得恶，主凶。

丙午、丁未日　此二日是牛头、夜叉在世上查看斋供。还愿者三年内损伤人口，大凶。

戊申、己酉日　此二日是千佛下世之日。设斋报恩还愿者，将有福禄万倍，财源兴旺，子孙昌盛，六畜成群，是大吉之兆。

庚戌、辛亥日　此二日，所有贤圣同游天下。此二日建斋求福，将获福无量，大吉。

壬子、癸丑、甲寅、乙卯日　此四日是群佛圣贤同恶树在世。设斋还愿求福，其结果平平。

丙辰、丁巳日 此二日由大头金刚在世查看斋供，大凶。

戊午日 此日诸圣不接受愿心不明的斋供，大凶。

己未日 此日是释迦如来与所有的菩萨在世。设斋报恩者，将使财物兴隆，福禄无比，此日为大吉。

庚申、辛酉日 此二日是释迦文佛宣说佛法之日。设斋还愿者，家宅平安无事，福利兴旺发达，子孙荣华富贵，是大吉之兆。

壬戌、癸亥日 此二日是所有佛神不查看斋供的日子，不必设斋行事。

三元五腊[①] 圣诞日期

正月

初一日：天腊之辰，弥勒佛[②]圣诞。

初三日：孙真人[③]圣诞。郝真人[④]圣诞。

初六日：定光佛[⑤]圣诞。

初八日：江东神[⑥]圣诞。

初九日：玉皇上帝[⑦]圣诞。

十三日：刘猛将军[⑧]圣诞。

十五日：上元天官[⑨]圣诞。门神户尉[⑩]圣诞。佑圣真君[⑪]圣诞。正一靖应真君[⑫]圣诞。混元皇帝[⑬]、西子帝君圣诞。

初八日至十五日：显大神通[⑭]降魔。此八日持斋有十千万功德。

十九日：长春邱真人[⑮]圣诞。

二月

初一日：太阳[⑯]升殿之辰，宜焚香祭祀。勾陈[⑰]圣诞。刘真人[⑱]圣诞。

初二日：土地正神[⑲]圣诞。

初三日：文昌梓潼帝君[20]圣诞，宜诵《救劫章》[21]一遍，消罪一劫。

初四日：曹大将军[22]圣诞。

初五日：东华帝君[23]圣诞。

初八日：张大帝[24]圣诞。昌福真君[25]圣诞。释迦文佛[26]出家。此日诵经一卷，比常日有十千万功德。

十三日：葛真君[27]圣诞。

十五日：太上老君[28]圣诞，诵《感应篇》[29]一遍，有十千万功德。精忠岳元帅[30]圣诞。

十七日：东方杜将军[31]圣诞。

十九日：观音菩萨[32]圣诞。

二十一日：普贤菩萨[33]圣诞。水母[34]圣诞。

二十五日：玄天圣父明真帝[35]圣诞。

三月

初三日：北极真武玄天上帝[36]圣诞。

初六日：眼光娘娘[37]圣诞。张老相公[38]圣诞。

十二日：中央五道[39]圣诞。

十五日：昊天大帝[40]圣诞。玄坛赵元帅[41]圣诞。雷霆驱魔大将军[42]圣诞（即唐将雷万春）。祖天师[43]圣诞。

十六日：准提菩萨[44]圣诞。山神[45]圣诞。

十八日：后土娘娘[46]圣诞。三茅真君[47]圣得道。中岳大帝[48]圣诞。玉阳真人[49]圣诞。

二十日：子孙娘娘[50]圣诞。

二十三日：天妃娘娘[51]圣诞。

二十八日：东岳大帝[52]圣诞。仓颉至圣先师[53]圣诞。

四月

初一日：萧公[54]圣诞。

初四日：文殊菩萨[55]圣诞。狄梁公[56]圣诞。

初八日：释迦文佛[57]圣诞。

十三日：天尹真人[58]圣诞。葛孝先真人[59]圣诞。

十四日：吕纯阳祖师[60]圣诞。

十五日：钟离祖师[61]圣诞。释迦如来[62]成佛。此日念真言一句，比常日有十千万功德。

十八日：紫微大帝[63]圣诞。泰山顶上娘娘[64]圣诞。

二十日：眼光圣母娘娘[65]圣诞。

二十六日：钟山蒋公[66]圣诞。

二十八日：药王[67]圣诞。

五月

初一日：南极长生大帝[68]圣诞。

初五日：地腊之辰[69]。地祇温元帅[70]圣诞。雷霆邓天君[71]圣诞。

初七日：朱太尉[72]圣诞。

初八日：南方五道[73]圣诞。

十一日：都城隍圣诞。

十二日：炳灵公[74]圣诞。

十三日：关圣帝君[75]圣诞。

十六日：天地主炁[76]及造化万物之辰，最宜戒酒色禁忌。

十八日：张天师[77]圣诞。

二十日：丹阳马真人[78]圣诞。

二十九日：许威显王[79]圣诞（即唐忠臣许远）。

六月

初四日：南瞻部洲[80]转大法轮，此日供养一日，比常日有十千万功德。

初六日：崔府君[81]圣诞。杨四将军[82]圣诞。

初十日：刘海蟾[83]帝君圣诞。

十一日：井泉龙王[84]圣诞。

十九日：观音菩萨成道[85]。

二十三日：火神[86]圣诞。关圣帝君圣诞。王灵官[87]圣诞。马神[88]

圣诞。

二十四日：雷祖[89]圣诞。

二十六日：二郎真君[90]圣诞。

二十九日：天枢左相真君[91]圣诞（即宋文丞相）。

七月

初七日：道德腊[92]之辰。

十二日：长真谭真人[93]圣诞。

十三日：大势至菩萨[94]圣诞。

十五日：中元地官[95]圣诞。灵济真君[96]圣诞。

十八日：王母娘娘[97]圣诞。

十九日：值年太岁[98]圣诞。

二十一日：普庵祖师[99]圣诞。上元道化真君[100]圣诞（即唐真君）。

二十二日：增福财神[101]圣诞。

二十三日：天枢上相真君[102]圣诞（即汉诸葛丞相）。

二十四日：龙树王菩萨[103]圣诞。

三十日：地藏王菩萨[104]圣诞。

八月

初一日：神功妙济真君[105]圣诞（即许真君）。

初二日：瘢疹娘娘圣诞。

初三日：灶君圣诞。

初三日、二十七日：北斗[106]下降。

初五日：雷声大帝[107]圣诞。

初十日：北岳大帝[108]圣诞。

十二日：西方五道[109]圣诞。

十五日：太阴朝元之辰[110]，宜守夜焚香。

十八日：酒仙[111]圣诞。

二十二日：燃灯佛[112]圣诞。

二十三日：伏魔副将张显王[113]圣诞（即汉桓侯翼德）。

九月

初一日：南斗[114]下降之辰。

初一至初九日：北斗九星[115]降世之辰，世人斋戒，此九日胜常日，有无量功德。

初三日：五瘟[116]圣诞。

初九日：斗母元君[117]圣诞，玄天上帝[118]飞升。重阳帝君[119]圣诞。酆都大帝[120]圣诞。蒿里[121]圣诞。梅葛二仙翁[122]圣诞。

十六日：机神[123]圣诞。

十七日：金龙四大王[124]圣诞。洪恩真君[125]圣诞。

二十三日：萨真人[126]圣诞。

二十八日：五显灵官[127]圣诞。马元帅[128]圣诞。

三十日：药师琉璃光王佛[129]圣诞。

十月

初一日：民岁腊[130]之辰。东皇大帝[131]圣诞。下元定志周真君[132]圣诞。

初三日：三茅应化真君圣诞。

初五日：达摩祖师[133]圣诞。

初六日：天曹诸司五岳五帝[134]圣诞。

初八日：涅磐[135]。此日放生一个，比常日有十千万功德。此日作一罪业，比常日有十千万罪业。

十五日：下元水官[136]圣诞。瘟神刘使者[137]圣诞。

二十日：虚靖天师[138]圣诞（即三十代天师弘悟张真人）。

二十七日：北极紫微大帝[139]圣诞。

十一月

初四日：大成至圣先师文宣王孔子圣诞。

初六日：西岳大帝[140]圣诞。

十一日：太乙救苦天尊[141]圣诞。

十七日：阿弥陀佛[142]圣诞。

十九日：日光天子[143]圣诞。大慈至圣九莲菩萨[144]圣诞。

二十三日：南斗下降。张仙[145]圣诞。

二十六日：北方五道[146]圣诞。

十二月

初一日：念经一卷，比常日念经胜如十千万功德。

初八日：王侯腊[147]之辰。张英济王[148]圣诞（即唐忠臣张巡）。释迦如来成佛。此日念经一卷，比常日念经胜如十千万功德。

十六日：南岳大帝[149]圣诞。

二十日：鲁班[150]圣诞。

二十一日：天猷上帝[151]圣诞。

二十四日：司命灶君上天朝玉帝，奏人善恶，二十三日夜，天下人民焚香祀送。

二十九日：华严菩萨[152]圣诞。

三十日：诸佛下界，探访善恶，宜持斋焚修。

每月初八、十四、十五、二十三、二十九、三十日，北斗下降之辰，宜持斋、念佛、诵经、礼忏，胜如常日，有十千万功德。

【注释】

①三元五腊：三元，即上元、中元、下元。阴阳五行家以六十年为一甲子，三甲子共180年为一周，称为三元，其中第一甲子为上元，第二甲子为中元，第三甲子为下元。五腊：道教用语。道教称农历正月初一为天腊，五月五日为地腊，七月七日为道德腊，十月一日为民岁腊，十二月八日为侯王腊，在五腊日，要修斋并祭祀祖先和神灵。

②弥勒佛：佛名。弥勒是姓，为慈氏，名为阿逸多。

③孙真人：即唐代杰出医学家、道教学者孙思邈。生于581年，卒于682年，享年101岁。京兆华原（今陕西铜川耀州区）人。精通老庄百家之学，以及医学、阴阳、推步。长期隐居终南山，不慕名位，闭门著述，为人治病，被后人尊为“药王”。宋徽宗追封他为“妙应真人”，道家尊之为孙真人。著作有《千金要方》《千金翼方》等。

④郝真人：汉代方士。上党（今山西长治）人。习气功，能辟谷不食五年、十年，还能结气不息，身不动摇，状若死亡，可至百日半年，为曹操众方士头领。

⑤定光佛：佛名，又称燃灯佛。

⑥江东神：农历正月初八日是他的生日，这一天是持斋日。

⑦玉皇上帝：即玉皇大帝。

⑧刘猛将军：相传刘猛生前能驱蝗虫，死后成神。农历正月十三日是他的生日，这一天是持斋日。

⑨上元天官：赐福之神，农历正月十五日是他的生日，这一天是持斋日。

⑩门神户尉：门神是中国民间信奉的诸神之一，为家庭守护神。道家称门神，左为门丞，右为门尉。

⑪佑圣真君：道教神明。

⑫正一靖应真君：道教正一派教主。

⑬混元皇帝：道教混元门的始祖，传说混元教派为明末河北广平府曲周县人韩太湖所创立。

⑭显大神通：道教神明。

⑮长春邱真人：即邱处机，字通密，道号长春子。生于1148年，卒于1227年。元初道士。登州栖霞（今山东栖霞县）人。19岁出家，拜王重阳为师，全真道龙门派创始人，以养生之道名世。元太祖成吉思汗赐号“神仙”，爵封“大宗师”，令其掌管全国道教。后又追增“五祖七真”徽号，赐号“长春演道主教真人”。著有《摄生消息论》。

⑯太阳：即太阳神，又称“太阳星君”，中国民间认为农历二月初一为太阳神的生日。

⑰勾陈：六壬十二将之一，凶煞，主兵戈、官讼。

⑱刘真人：疑指明代道士刘渊然。

⑲土地正神：即土地神，俗称“土地爷”，雅称“福德正神”。

⑳文昌梓潼帝君：即文昌帝君，全称为“辅元开化文昌司禄宏仁帝君”，掌管功名禄位。

㉑《救劫章》：道教经典《太乙天尊救苦拔罪妙经》中的一章。《救苦拔罪妙经》是道士每日晚课奉诵的经文之一。

㉒曹大将军：指北宋著名军事将领大将军曹彬，相传他是传说中的“八仙”之一曹国舅的祖父。

㉓东华帝君：又称东王公、东王父、东木公、木公，中国古代神话中的男神。

㉔张大帝：即玉皇大帝，详见前注。

㉕昌福真君：道教神明。

㉖释迦文佛：即释迦牟尼，牟尼又译为“文”，尊称，意为“仁”“忍”等。

㉗葛真君（164—244）：名玄，字孝先。三国方士，葛洪从祖父，南宋理宗淳祐三年（1243）封“冲应孚佑真君”。

㉘太上老君：道教最高天神之一。本为道教学派的创始人，后被道教尊为始祖。此人就是我国春秋时期思想家老子。唐高宗时追号为“太上玄元皇帝”。

㉙《感应篇》：书名，全称为《太上感应篇》，共三十卷。清代顺治十三年上谕刊行，书中内容多取自晋代著名炼丹家葛洪所著《抱朴子》，以劝人行善居多，并宣扬因果报应。

㉚精忠岳元帅：指宋代著名军事将领岳飞。

㉛东方杜将军：道教神明，农历二月十七日是他的生日，这一天是持斋日。

㉜观音菩萨：见前注。

㉝普贤菩萨：见前注。

㉞水母：水神。

㉟玄天圣父明真帝：即玄天上帝，道教尊神。

㊱北极真武玄天上帝：即北极大帝，又称北极真武大帝、北极佑圣真君。

㊲眼光娘娘：掌管生育之神，道号全称“眼光圣母惠照明目元君”，雅称“眼光明目元君”。

㊳张老相公：即张神，传说曾任宋朝漕运官，有捍海灭倭之功，在

浙江绍兴一带其庙遍布城乡。

㊴中央五道：道教神明，五道神之一，主管中央方位。农历三月十二日是他的生日，这一天是持斋日。

㊵昊天大帝：道德四大帝之一，全称“昊天金阙至尊玉皇大帝”。

㊶玄坛赵元帅：道教神明，为财神中的武财神，姓赵，名朗，字公明，俗称赵公元帅。

㊷雷霆驱魔大将军：雷神的属下之一，道教神明。

㊸祖天师：即张天师。

㊹准提菩萨：佛教菩萨名。准提，梵语的音译，意译为“清净”。

㊺山神：道教敬奉的神仙之一。

㊻后土娘娘：道教的总司土地之神，全称为“承天效法厚德光大后土地祇”，后土娘娘是其俗称。为管理整个大地的大神，地位高于土地爷。

㊼三茅真君：指汉代咸阳的茅盈、茅固、茅衷三兄弟。传说茅氏三兄弟均修道成真，其中茅盈被太上老君拜为“司命真君”，茅固被拜为“完箓真君”，茅衷被拜为“保命真君”，后世遂称之为“三茅君”或“三茅真君”，为道教茅山派创教祖师。

㊽中岳大帝：即中岳嵩山君，唐代武则天始封，后被道教奉为神灵。

㊾玉阳真人：唐代睿宗之女玉贞公主曾修道于玉阳山，人称玉阳真人。

㊿子孙娘娘：掌管生育的神。

51天妃娘娘：海神之一，又叫天后，俗称海神娘娘。

52东岳大帝：东岳泰山之神。汉代明帝封为泰山元帅，唐代玄宗封为天齐王，宋代真宗又封为“东岳天帝仁圣王”“东岳大帝”。全称为“东岳天齐仁圣大帝”。

53仓颉至圣先师：道教中文字之神，被尊奉为“文祖仓颉”。

54萧公：指金代道士萧抱珍，太一道始祖。

55文殊菩萨：见前注。

56狄梁公：指唐代名臣狄仁杰，唐睿宗曾追封狄仁杰为梁国公，后世遂称之“梁公”。

(57)释迦文佛：见前注。

(58)天尹真人：道士名号，生平事迹未详。

(59)葛孝先真人：见前注。

(60)吕纯阳：传说中人物，即吕洞宾，“八仙”之一，相传为唐代京兆人，名岩。咸通年间及第，曾两为县令。后修道于终南山，不知所终。道教丹鼎派称之为“纯阳祖师”，故俗称“吕祖”或“吕纯阳”。

(61)钟离：传说中人物，“八仙”之一，相传为汉代人，故又称汉钟离。

(62)释迦如来：即佛祖释迦牟尼。

(63)紫微大帝：道教神明。紫微，本为星座名，三垣之一，又为星名。

(64)泰山顶上娘娘：泰山掌管生育之神。

(65)眼光圣母娘娘：见前注。

(66)钟山蒋公：指东汉广陵人蒋子文，蒋曾任秣陵尉，遂盗于钟山下，伤额而死，传说死后成神。后孙权封其为都中侯，改钟山为蒋山。

(67)药王：指孙思邈。见前注。

(68)南极长生大帝：又称南极大帝，道教神明。

(69)地腊之辰：见前注。

(70)地祇温元帅：道教神明。泰山之神，为东岳大帝部将，传说姓温名琼，浙江温州人。

(71)雷霆邓天君：雷神属下之一。

(72)朱太尉：道教神明。

(73)南方五道：道教五道神之一，主管南方。

(74)炳灵公：传说为东岳大帝第三子，又被称为火神。炳灵公名号为北宋真宗加封。

(75)关圣帝君：指三国蜀汉名将关羽。

(76)炁：古“气”字。

(77)张天师：这里指汉代天师道即五斗米道的创始人张道陵。张道陵，原名陵，东汉人，道教创始者。又，张天师为张道陵后裔的封号。

⑱丹阳马真人（1123—1183）：金代道士。号丹阳子，故世称马丹阳，全真道遇仙派创始人。元代至元六年，元世祖赠之以“丹阳抱一无为真人”称号。

⑲许威显王：道教神明。

⑳南瞻部洲：佛经中所说的四大洲之一，在须弥山南。

㉑崔府君：冥府判官，掌管生死簿。相传他是唐代人，名珏，字子玉。宋代真宗追封他为“护国西齐王”，宋仁宗则追封他为“护国显应公”。

㉒杨四将军：道教神明。

㉓刘海蟾：五代时道士，名操，字宗成，又字昭远，号海蟾子，以号行于世。好黄老之学，曾为“桀燕”刘守光之丞相。后弃官修道，隐居华山、终南山。相传得道仙法，元世祖封之为“海蟾明悟弘道真君”。

㉔井泉龙王：道教神明，龙王之一，主管井泉。

㉕成道：修炼成功。

㉖火神：即祝融，号赤帝，中国古代神话中的火神。在五行学说的神秘理论中，火与南方相配，于是火神祝融又成为五方帝中的南方之神。

㉗王灵官：道教神明。为护法镇山神将，传说姓王名善，是湘阴城隍庙的城隍。

㉘马神：即马王，也叫马明王，俗称马王爷。

㉙雷祖：即雷神。又称雷尊，号“九天应元雷声普化天尊”。

㉚二郎真君：这里指道教神仙。相传二郎神成仙前叫赵昱，是隋朝的一位隐士。唐代玄宗封他为“赤城王”，宋代真宗封他为“清源妙道真君”。

㉛天枢左相真君：指南宋丞相文天祥。

㉜道德腊：见前注。

㉝长真谭真人（1123—1185）：初名玉，字伯玉，法名处端，号长真子。全真道南无派创始人。元代至元六年被赠以“长真云水蕴德真人”。著有《水云集》。

㉞大势至菩萨：佛教菩萨名。阿弥陀佛的右胁侍，与阿弥陀佛及其左胁侍观世音合称“西方三圣”。

㉟中元地官：三元大帝之一。三元，又称“三官”，即上元天官，

中元地官，下元水官。

⑯灵济真君：指明代信仰的“二徐真君”，二徐是五代吴国大臣徐知谔和徐知证。

⑰王母娘娘：又称“西王母”。道教第一大神元始天尊的女儿，玉皇大帝的妻子——天国第一夫人，三界十方众女仙的领袖。

⑱值年太岁：中国民间信仰中最著名的凶神，传说他是不能轻易冒犯的，否则就要遭灾遭难。

⑲普庵祖师（1115—1169）：名印肃，俗姓余。宜春（今属江西）人。中国南宋时期临济宗高僧。

⑳上元道化真君：道教神明，详见前注。

㉑增福财神：即李诡祖，又称“神君增福相公”“财帛星君”“福善平施公”。

㉒天枢上相真君：道教神明。

㉓龙树王菩萨：即龙树菩萨，又译龙猛、龙胜，在印度佛教史上被誉为“第二代释迦”，大约活跃于150年至250年之间，他首先开创空性的中观学说，肇大乘佛教思想之先河。龙树广泛影响了大乘佛教各宗派，中观派以他为创始者，瑜伽行唯识学派与如来藏学派也多以他的著作来证明本身宗义的正确。在汉传佛教中享有“八宗共祖”的称号。在藏传佛教中，与其大弟子提婆（亦名圣天）同被列入为佛教的二胜六庄严之一。密宗也以他为传承上师之一，列名八十四大成就者中。

㉔地藏王菩萨：佛教菩萨之一，是释迦牟尼任命的未来佛降生前的一段时间内的度世者。地藏是梵文的意译，意即“安忍不动犹如大地，静密深邃犹如地藏”。又称“地藏菩萨”“大愿菩萨”。

㉕神功妙济真君：见前注。

㉖北斗：即道教信仰的北斗真君。司命之神，主人寿夭，即所谓“北斗注死”。

㉗雷声大帝：即九天应元雷声普化天尊，是雷部的最高神，被世人尊为雷祖。

㉘北岳大帝：北岳恒山的最高神。

⑩⑨西方五道：五道神之一，主管西方。

⑩⑩太阴朝元之辰：即农历八月十五日。太阴，这里指月亮。

⑪⑪酒仙：说法不一，一说指二郎神，此为天神；一说指杜康。

⑪⑫燃灯佛：见前注。

⑪⑬伏魔副将张显王：即三国蜀汉名将张飞。

⑪⑭南斗：道教的注生星君，南斗星掌管人的生寿。

⑪⑮北斗九星：本为北斗星，七现二隐，合共九星，被道教尊为神明。

⑪⑯五瘟：凶神，共五个，即春瘟神、夏瘟神、秋瘟神、冬瘟神、中瘟神。

⑪⑰斗母元君：全称“北斗九真圣德天后”，北斗七星的母亲。

⑪⑱玄天上帝：又称真武大帝、佑圣真君、玄武大帝等，亦称荡魔天尊、报恩祖师、披发祖师等，为道教神仙中赫赫有名的尊神，湖北武当山是真武大帝的道场。

⑪⑲重阳帝君：即王重阳（1112—1170），金代道士，原名中孚，字允卿，后改名世雄，字德威。入道后，改名嚞，字知明，号重阳子。自呼王三（排行第三）或王害疯。咸阳（今陕西咸阳）人，道教全真道的创始人。元世祖至元六年（1269）封为“重阳全真开化真君”。元武宗至大三年（1310）加封为“重阳全真开化辅极帝君”。王重阳在修行上，主张去除世俗欲念。《重阳立教十五论》为王重阳的重要著述，该书论述了全真道创教的基本宗旨，规定了严格的修道戒规，融合儒、释、道三家精华，为研究全真道的重要经典文献，收入《正统道藏》正一部。

⑫⑳酆都大帝：又称“酆都北阴大帝”。酆都大帝是阴间冥司主宰地狱的神灵。酆都大帝位居冥司神灵之最高位，主管冥司，为天下鬼魂之宗。据南朝上清派宗师陶弘景《真灵位业图》记载：“酆都北阴大帝炎帝大庭氏，讳庆甲。天下鬼神之宗，治罗酆山，三千年而一替。”酆都北阴大帝为最下一层（第七层）中位。

⑫㉑蒿里：指蒿里山神。蒿里山，又名高里山、英雄山，位于山东省泰安市泰山前麓，汉朝以前称作“高里山”。为古代帝王的禅地之所，

《史记》载："十二月甲午朔，上亲禅高里，祠后土。"《汉书》中多处记载了汉武帝"亲禅高里"。约到魏晋时期，出现"蒿里"之称。蒿里山曾建有规模宏大的蒿里山神祠，又名森罗殿。蒿里山是世界华人的魂魄所在，"魂归蒿里"就是这个意思。

⑫梅葛二仙翁：染匠业的行神。染工于九月九日祀梅、葛二仙翁。相传真人姓梅名福，字子真，寿春人，后弃家成仙。葛仙翁即三国葛玄，善炼丹，后仙去。其术传于裔孙葛洪，洪隐居罗浮山。至于今染工所奉葛仙翁为葛玄或葛洪，已无法考定。

⑬机神：即民间纺织工崇信的机神。据《杭州志》载：机神庙在城东北隅，所祀之神为"褚载"。褚载原为河南人，又称"褚河南"。他的纺织技术非常高超。后来他从广陵（今江苏扬州）回到杭州，把他的技术教给乡里民众。群众为了纪念他，便设庙祭祀，庙曰"机神庙"。另有一说，在河南省新密市牛店镇月台村有座古老的"机神庙"，庙内墙上画满了彩色壁画，壁画都是种桑养蚕、缫丝织绸的故事图案。庙里敬奉的是机神爷褚载和机神奶奶。机神爷褚载和机神奶奶虽不是一家人，也不是一个朝代，但巧的是二人的生日都在农历九月十六，塑像进庙时间也是九月十六。

⑭金龙四大王：此人姓谢名绪，南宋钱塘县北孝女里（今浙江杭州良渚镇安溪）人，有三兄，名纲、纪、统，谢绪排行第四，故称四大王。明代开始即被尊为河神。

⑮洪恩真君：即徐知证、徐知谔兄弟，并称"二徐"（又称徐仙、二徐真君、灵济真人、洪恩真君等），在历史上确有其人，他们是五代时南唐的两位藩王。据载，"初，其父（徐）温事吴杨行密。及温殁，养子徐知诰代杨氏有国（建南唐），封知证为江王，知谔为饶王。"

⑯萨真人：即萨守坚（生卒年不详），自称汾阳萨客，号全阳子，又称崇恩真君，亦称萨真人、萨真君、天枢领位真人，一说为蜀西河（今四川成都郫都区唐昌镇）人，一说为南华（今山东东明）人。中国南宋道教神霄一脉的代表人物。萨守坚以道术名世，在南宋、元代影响颇大。后世有所谓"萨祖派""西河派""天山派"，皆尊萨守坚为祖师，于此可见萨守坚在神霄派的影响颇深，占有相当重要的历史地位。

著有《雷说》《内天罡诀法》《续风雨雷电说》等，现存于明《正统道藏》的《道法会元》中。在某些道教流派中，萨守坚与张道陵、葛玄、许逊共为四大天师。

⑫7五显灵官：即灵观大帝，又称“五显灵观大帝”“妙乐天尊”，或“大惠静慈妙乐天尊”，是民间信仰和道教后期尊崇的一位正神。与真武大帝一起显相过去、未来，循环渡化、共同荡魔，佑持世界太平。在道教典籍《正统道藏·正乙部》中，收录有《大惠静慈妙乐天尊说福德五圣经》。

⑫8马元帅：即道教常称的华光大帝，又称灵官马元帅、三眼灵光、华光天王、马天君等，为道教护法四帅之一。相传他姓马名灵耀，因生有三只眼，故民间又称“马王爷三只眼”。莆田等地的一些寺庙也奉祀马元帅，俗称“马公”或“马灵官”，相传为南斗第六星所化，生来就三头九目，手执玉戟金砖，跨火犀，职掌驱邪祛疫。

⑫9药师琉璃光王佛：又作药师如来、药师琉璃光王如来、大医王佛、医王善逝、十二愿王，为东方净琉璃世界之教主。

⑬0民岁腊：见前注。

⑬1东皇大帝：即东王公，又称扶桑大帝、东华帝君，在宋代逐渐成为道教全真道始祖。

⑬2下元定志周真君：水神，传说是明皇帝朱元璋所封的周颠。传说周颠力大无穷，足智多谋，还能未卜先知，他疯疯癫癫，语无伦次，但关键时刻总为朱元璋献计献策，或帮其化险为夷，或助其大获全胜。朱元璋登基后，不忘周颠奇功，封他为“下元定志周真人”。下元为水，自此，周颠成了民众，特别是渔民信仰的水神。鄱阳湖周边的渔民，每逢阴历十月十五下元节，都要隆重祭拜“下元定志周真人”。

⑬3达摩祖师：原印度人，原名菩提多罗，后改名菩提达摩，自称佛传第二十八祖，为中国禅宗的始祖，故中国的禅宗又称达摩宗，对中华文化产生了很大的影响。

⑬4天曹诸司五岳五帝：中国的五岳大帝是古代汉族传说中的山神，分别是：东岳泰山天齐仁圣大帝（黄飞虎），南岳衡山司天昭圣大帝（崇黑虎），中岳嵩山中天崇圣大帝（闻聘），北岳恒山安天玄圣大帝

(崔英)，西岳华山金天愿圣大帝（蒋雄）。

⑬⑤涅磐：即涅槃，佛教教义。涅槃，原指火的熄灭或风的吹散，后成为印度古代宗教的通用术语，指通过宗教修行所达到的最高境界。涅槃是超越时空、不生不灭的真如境界，也指超越生死、无上的境界。涅槃是佛陀在菩提树下证悟后所达到的境界，也是佛教中修行者追求的最高目标之一。

⑬⑥下元水官："水官"名为下元三品解厄水官，洞阴大帝，隶属太清境。水官由风泽之气和晨浩之精结成，总主水中诸大神仙。传说每年的十月十五日下元水官降临人间，为人消灾，人们尊其为"水官消灾"。

⑬⑦痘神刘使者：痘神，民间普遍信仰的神明，俗传为主司麻豆之神，又为护佑儿童的司命之神。

⑬⑧虚靖天师：即张继先（1092—1127），字嘉闻，又字道正，号翛然子。北宋末著名道士，正一天师道第三十代天师。元符三年（1100）嗣教，宋徽宗赐号"虚靖先生"。靖康二年（1127）羽化，年仅三十六岁，葬安徽天庆观。元武宗追封其为"虚靖玄通弘悟真君"。张继先终生未娶，无子，有《虚靖语录》七卷。

⑬⑨北极紫微大帝：见前注。

⑭⓪西岳大帝：西岳大帝是五岳大帝之一，又号金天王、西岳大帝、华山神、金天顺圣帝，乃西岳华山主神，中国民间信仰的神仙之一，中国道教文化人物，在西岳庙享有供奉。唐玄宗先天（712—713）中封西岳为金天王。宋大中祥符（1008—1016）中，追尊为"金天顺圣帝"，配享肃明皇后。

⑭①太乙救苦天尊：即东极青华大帝，又称太乙救苦天尊、寻声救苦天尊、青玄九阳上帝。太乙救苦天尊与南极长生大帝同为玉皇大帝的左右侍者。太乙救苦天尊居"青华长乐界，东极妙严宫"。

⑭②阿弥陀佛：见前注。

⑭③日光天子：日光天子是佛教中的一位重要神祇，被视为光明和智慧的象征。在农历十一月十九日，也就是日光天子的诞辰日，人们会举行各种宗教仪式和庆祝活动。这些活动旨在向日光天子表达敬意，并祈

求平安、健康和幸福。

⑭大慈至圣九莲菩萨：九莲菩萨为中国所特有，其原身为明朝万历皇帝之母孝定皇太后李氏，她拜泰山碧霞元君为师，修成正果，被万历皇帝封为九莲菩萨，能为众生赐福增寿。

⑮张仙：张仙又称送子张仙。是中国民间供奉的吉祥神，传说能够赐给世人儿女后嗣的道教男性神祇，类似于送子娘娘。

⑯北方五道：农历十一月二十六日，是东岳大帝的属神之一——北方五道将军圣诞日。东岳大帝五位助手之一管理中央的神灵，五道神各管一方。

⑰王侯腊：见前注。

⑱张英济王：张英济王，即唐忠臣张巡（709—757），蒲州河东（今山西永济西）人，一说邓州南阳（今属河南）人。唐朝名将。

⑲南岳大帝：南岳大帝又称南岳圣帝，全称南岳衡山司天昭圣大帝，是中国民间重要的信仰之一。南岳衡山为五岳之一，而南岳大帝为古代中国神话人物之一，历史记载不详。

⑳鲁班（前507—前444）：姬姓，公输氏，名班，字依智，人称公输盘、公输般、班输，尊称公输子，又称鲁盘或者鲁般，惯称“鲁班”。春秋时期鲁国人，鲁班已经成为古代劳动人民智慧的象征。

㉑天猷上帝：也称天猷元帅、天猷真君，又称“天猷仁执灵福将军”，道教护法四元帅之一，北极四圣之一，领天罡之次帅，列下土之诸侯，居元景丹灵府。

㉒华严菩萨：即清凉大师（738—839），讳澄观，字大休，唐朝人，华严宗四祖，世称清凉国师、华严疏主。曾受赐的封号有“教授和尚”“镇国大师”“清凉国师”“僧统清凉国师”“大照国师”“大统国师”等，一生备极尊荣。

十殿阎君[①] 圣诞日期

正月

初八日：五殿阎罗天子[②]圣诞。

二月

初一日：一殿秦广王[③]圣诞。

初八日：三殿宋帝王[④]圣诞。

十八日：四殿五官王[⑤]圣诞。

三月

初一日：二殿楚江王[⑥]圣诞。

初八日：六殿卞城王[⑦]圣诞。

二十七日：七殿泰山王[⑧]圣诞。

四月

初一日：八殿都市王[⑨]圣诞。

初八日：九殿平等王[⑩]圣诞。

十七日：十殿转轮王[⑪]圣诞。

每逢十王圣诞日期，虔诚设斋供奉，永不堕落，超生三界[⑫]。

【注释】

①十殿阎君：十殿阎君是民间流传掌管地府的十位统治者，十殿阎君分别是：第一殿，秦广王蒋；第二殿，楚江王历；第三殿，宋帝王余；第四殿，五官王吕；第五殿，阎罗天子包；第六殿，卞城王毕；第七殿，泰山王董；第八殿，都市王黄；第九殿，平等王陆；第十殿，转轮王薛。

②阎罗天子：中国传说中的鬼王。阎罗天子司掌叫唤大地狱，并管

理十六座诛心小地狱。

③秦广王：即秦广王蒋，二月初一日诞辰。秦广王心性至仁至孝，专司人间夭寿生死，统管幽冥吉凶。

④宋帝王：即宋帝王余，二月初八日诞辰，专司黑绳大地狱。

⑤五官王：即五官王吕，第四殿阎罗，农历二月十八日诞辰。

⑥楚江王：即楚江王历，三月初一日诞辰。楚江王管理大地狱，还建立了十六座小地狱。

⑦卞城王：即卞城王毕，司掌大叫唤大地狱及枉死城，农历三月初八日诞辰。

⑧泰山王：即泰山王董，三月二十七日诞辰，司掌热恼地狱，又名碓磨肉酱地狱，另设十六座小地狱。

⑨都市王：即都市王黄，四月初一日诞辰，司掌大热大恼大地狱，另设十六座小地狱。

⑩平等王：即平等王陆，四月初八日诞辰，司掌丰都城铁网阿鼻地狱，另设十六座小地狱。

⑪转轮王：即转轮王薛，转轮王是第十殿阎王，专司各殿解到的鬼魂分别善恶及核定等级，然后再发往四大部洲投生。

⑫三界：是指佛家的三界，即欲界、色界、无色界。

雕塑神像吉日

宜天月德[①]、天月德合、黄道、生气、福生、显星及除、满、成、开日。

忌神号鬼哭[②]、日月厌、黑道[③]诸凶日。

【注释】

①天月德：即天德和月德。天德，天上福德之神，主吉。月德，月中之德神，主吉。天月德合：即天德合和月德合。天德合，合德之神，

主福。月德合，大吉之辰。黄道、生气、福生、显星：均为吉神。除、满、成、开：建除家语。为建除十二神（建、除、满、平、定、执、破、危、成、收、开、闭）中的四辰，均主吉。

②神号鬼哭：日神类神煞。

③黑道：即黑道日。阴阳历法家称黑道为凶日。阴阳家、星占家认为青龙、明堂、天刑、朱雀、金匮、天德、白虎、玉堂、天牢、玄武、司命、勾陈十二神煞轮流值日，当其中的天刑、朱雀、白虎、天牢、玄武、勾陈当值时，大凶，是月中黑道。

神像开光[①] 吉日

春秋二季，用心、危、毕、张四宿[②]值日，属太阴[③]，吉。

夏冬二季，用房、虚、昴、星四宿值日，属太阳[④]，吉。

【注释】

①开光：佛教用语。佛家在佛像落成后，择日致礼而供奉之，称为开光。又称开眼，开眼供养。

②心、危、毕、张四宿：二十八宿中的四宿。二十八宿，古人用来作为观测日月五星（金、木、水、火、土）运行坐标的二十八组恒星（或称星座）。由于它们环列在日月五星的四方，很像日月五星栖宿的场所，故称二十八宿。古人还把二十八宿分为东、南、西、北四官，每宫七宿。古人又以二十八宿记日，一宿代表一日，二十八宿代表二十八日，周而复始，往复无穷。详见下表。

星期	四 五 六 日 一 二 三	方位
二十八宿	角 亢 氐 房 心 尾 箕	东方
	斗 牛 女 虚 危 室 壁	北方
	奎 娄 胃 昴 毕 觜 参	西方
	井 鬼 柳 星 张 翼 轸	南方

这里说的心、危、毕、张四宿值日，指的是星期一这一天。

③属太阴：这里的太阴指月。古人把二十八宿和日月五星（合称“七政”“七曜”）相配合，赋予它们特定的含义和属性。二者的对应关系如下表。

曜　日	木	金	土	日	月	水	火
二十八宿	角	亢	氐	房	心	尾	箕
	斗	牛	女	虚	危	室	壁
	奎	娄	胃	昴	毕	觜	参
	井	鬼	柳	星	张	翼	轸

这里的心、危、毕、张四宿与太阴（即月）对应，所以说它们“属太阴”。

④属太阳：这里的太阳指日。“属太阳”指“房、虚、昴、星”四宿与“日”相对应。

准提[①]十斋日[②]

初一、初八、十四、十五、十八、二十三、二十四、二十八、二十九、三十。月小：二十七、二十八、二十九。

【注释】

①准提：佛教菩萨名。准提普萨，梵语 Cundi，意为“清净”。汉译为准提、准尼，又称准提观音、准提佛母、七俱胝佛母。准提普萨以“准提咒”见称，是显密佛教共尊的大菩萨。

②十斋日：本为佛教每月持斋的日子，在十斋日中禁行刑屠宰等。道教亦遵此规，把它称为“十直日”，简称“十直”。

看男女值年星辰属命[1]之图

十一岁：男土星，女火星。
十二岁：男水星，女木星。
十三岁：男金星，女太阴。
十四岁：男太阳，女土星。
十五岁：男火星，女罗睺[2]。
十六岁：男计都，女太阳。
十七岁：男太阴，女金星。
十八岁：男木星，女水星。
十九岁：男罗睺，女计都。
二十岁：男土星，女火星。
二十一岁：男水星，女木星。
二十二岁：男金星，女太阴。
二十三岁：男太阳，女土星。
二十四岁：男火星，女罗睺。
二十五岁：男计都，女太阳。
二十六岁：男太阴，女金星。
二十七岁：男木星，女水星。
二十八岁：男罗睺，女计都。
二十九岁：男土星，女火星。
三十岁：男水星，女木星。
三十一岁：男金星，女太阴。
三十二岁：男太阳，女土星。
三十三岁：男火星，女罗睺。
三十四岁：男计都，女太阳。
三十五岁：男太阴，女金星。

三十六岁：男木星，女水星。

三十七岁：男罗睺，女计都。

三十八岁：男土星，女火星。

三十九岁：男水星，女木星。

四十岁：男金星，女太阴。

四十一岁：男太阳，女土星。

四十二岁：男火星，女罗睺。

四十三岁：男计都，女太阳。

四十四岁：男太阴，女金星。

四十五岁：男木星，女水星。

四十六岁：男罗睺，女计都。

四十七岁：男土星，女火星。

四十八岁：男水星，女木星。

四十九岁：男金星，女太阴。

五十岁：男太阳，女土星。

五十一岁：男火星，女罗睺。

五十二岁：男计都，女太阳。

五十三岁：男太阴，女金星。

五十四岁：男木星，女水星。

五十五岁：男罗睺，女计都。

五十六岁：男土星，女火星。

五十七岁：男水星，女木星。

五十八岁：男金星，女太阴。

五十九岁：男太阳，女土星。

六十岁：男火星，女罗睺。

六十一岁：男计都，女太阳。

六十二岁：男太阳，女金星。

六十三岁：男木星，女水星。

六十四岁：男罗睺，女计都。

六十五岁：男土星，女火星。

六十六岁：男水星，女木星。

六十七岁：男金星，女太阴。

六十八岁：男太阳，女土星。

六十九岁：男火星，女罗睺。

七十岁：男计都，女太阳。

七十一岁：男太阴，女金星。

七十二岁：男木星，女水星。

七十三岁：男罗睺，女计都。

七十四岁：男土星，女火星。

七十五岁：男水星，女木星。

七十六岁：男金星，女太阴。

七十七岁：男太阳，女土星。

七十八岁：男火星，女罗睺。

七十九岁：男计都，女太阳。

八十岁：男太阴，女金星。

八十一岁：男木星，女水星。

八十二岁：男罗睺，女计都。

八十三岁：男土星，女火星。

八十四岁：男水星，女木星。

八十五岁：男金星，女太阴。

八十六岁：男太阳，女土星。

八十七岁：男火星，女罗睺。

八十八岁：男计都，女太阳。

八十九岁：男太阴，女金星。

九十岁：男木星，女水星。

九十一岁：男罗睺，女计都。

九十二岁：男土星，女火星。

九十三岁：男水星，女木星。

九十四岁：男金星，女太阴。

九十五岁：男太阳，女土星。

九十六岁：男火星，女罗睺。

九十七岁：男计都，女太阳。

九十八岁：男太阴，女金星。

九十九岁：男木星，女水星。

【注释】

①星辰属命：本篇中的星辰特指太阳、太阴（月）、金星、木星、水星、火星、土星、计都星、罗喉星等九星，古时选择家、星命家把它们和人的年岁相配合，据以推断祸福吉凶。这里的九星，就是下篇所称的"九曜"。九曜本是印度历法中的九星，梵历以九曜配日，以定日之吉凶。唐代开元年间，这种历法传入中国，九星配日法一度流行。后来中国的选择家、星命家把这种方法加以改造，以九星配年岁，用以推断人的命运。

②罗睺：现在一般写作"罗睺"。

九曜[①] 星君值男女命限图

诗曰：

此星人命喜燃灯，保汝平安福寿增。
男女行年宜解祭，九星下降要虔诚。

凡人生命行年，值某位星君，按后开下界日期，虔诚斋戒，燃灯祭之，士人加官进禄，商贾利增百倍。妇人遇吉星祭之，求子得子；遇凶星祭之，可免灾厄也。

太阳星

行年值太阳，终岁得安康；
男子重重喜，女人有灾殃。

名曰太阳星，光辉天下，无处不明朗。主远行有财，大人见喜，添人进口，万事和合；惟女子不喜此星，宜禳解[②]方吉。

每月二十七日下界，用黄纸牌位写“日宫太阳帝子星君”，灯十二盏，正西祭之，大吉。

太阴星

行年值太阴，诸事遂其心；
求名并求利，前程宜远行。

名曰太阴星。宜见官，有理。男子出入，凡事遂心。女人有疾厄、产患之危。

每月二十六日下界，用黄纸牌位写“月宫太阴皇后星君”，灯七盏，正西祭之，大吉。

木　星

行年值木星，不利是阴人；
虽见微小疾，未为岁月迍[③]。

名曰朝元星。其年男子有眼目之疾，阴人有血光之灾。不妨婚姻和合，人口平安。

每月二十五日下界，用青纸牌位写“东方甲乙木德[④]星君”，灯二十盏，正西祭之，大吉。

火 星

行年值火星，守旧且潜身；
女人多灾厄，男命不离刑。

名曰灾星。主疮疾，女人产难，血光。男子官灾不利，人口不安，六畜不旺，自宜谨慎可也。

每月二十九日下界，用红纸牌位写“南方丙丁火德星君”，灯十五盏，正西祭之，大吉。

土　星

行年值土星，官事来相侵；
出入多不顺，提防小人惊。

名曰厄星。此年见灾不安，家宅啾唧，夜多怪梦，六畜不利，不宜远行，防小人暗害。

每月十九日下界，宜用黄纸牌位写“中央戊己土德星君”，灯五盏，正西祭之，大吉。

金 星

行年值金星，凡事不遂心；
男子忧还可，大忌是女人。

名曰朝阳星。贵人见喜，添人进口，婚姻嫁娶，恐有肚腹之灾，出入提防，小人不足。

每月十五日下界，用白纸牌位写“西方庚辛金德星君”，灯八盏，正西祭之，大吉。

水 星

行年值水星，财喜主重兴；
男子福禄至，女子口舌侵。

名曰福禄星。大人见喜，远行有财，添人进口。女人不利，无灾难，不宜渡河。

每月二十一日下界，用皂纸牌位写“北方壬癸水德星君”，灯七盏，正西祭之，大吉。

罗睺星

行年值罗睺，主人百事忧；
男子官灾至，女人也闷愁。

名曰口舌星。主见官非、口舌、眼目之疾，女人见血光、产鬼之厄。

每月初八日下界，用黄纸牌位写“天宫神首罗睺星君”，灯九盏，正北祭之，大吉。

计都星

行年值计都，灾害不时无；
阴人防口舌，犹可是丈夫。

名曰凶星。大人不喜，六畜不利，阴人主口舌是非；宜出入，远行有财，在家亦有暗昧不明之事。

每月十八日下界，用黄纸牌位写“天尾官分计都星君”，灯二十盏，正西祭之，大吉。

【注释】

①九曜：详见《看男女值年星辰属命之图》注①。

②禳解：消除。

③迍（zhūn）：困顿不得志，磨难。

④甲乙木德：古人把五行和天干配合，赋予天干以五行属性，其中甲乙属木，丙丁属火，戊己属土，庚辛属金，壬癸属水。见下表：

五行	天干
木	甲　乙
火	丙　丁
土	戊　己
金	庚　辛
水	壬　癸

这里的“德”，是德行、属性的意思。

二十八宿[1] 值日吉凶歌

角木蛟　吉

邓　禹[2]

角星造作主荣昌，外进田财及女郎。
嫁娶婚姻生贵子，文人及第见君王。
惟有葬埋不可用，三年之后主瘟痘[3]。
起工修筑坟墓地，堂前立见主人亡。

亢金龙　凶

吴　汉[4]

亢星造作长房当，十日之中主有殃。
田地消磨官失职，投军定是虎狼伤。
嫁娶婚姻用此日，儿孙新妇守空房。
埋葬若还逢此日，当时灾祸主重丧。

氐土貉　凶

贾　复[5]

氐星造作主灾凶，费尽田园仓库空。
埋葬不可用此日，悬绳吊颈祸重重。
若是婚姻离别散，夜招浪子入房中。
行船必定遭沉没，更生聋哑子孙穷。

房日兔　吉

耿　弇⑥

房星造作田园进，血财牛马遍山冈。
更招外处田庄宅，荣华富贵福寿康。
埋葬若然用此日，高官进职拜君王。
嫁娶嫦娥归月殿，三年抱子至朝堂。

心月狐　凶

寇　恂[7]

心星造作大为凶，更遭刑讼狱囚中。
忤逆官非田宅退，埋葬卒暴死相从。
婚姻若是逢此日，子死儿亡泪满胸。
三年之内连遭祸，事事教君没始终。

尾火虎　吉

岑　彭[8]

尾星造作得天恩，富贵荣华福寿宁。
招财进宝置田地，和合婚姻贵子孙。
埋葬若能依此日，男清女正子孙兴。
开门放水招田地，代代公侯远播名。

箕水豹 吉

冯 异[9]

箕星造作主高强，岁岁年年大吉昌。
埋葬修坟大吉利，田蚕牛马遍山冈。
开门放水招财谷，箧满金银谷满仓。
福荫高官加禄位，六亲丰禄足安康。

斗木獬 吉

朱 祐[10]

斗星造作主招财，文武官员位鼎台[11]。
田宅钱财千万进，坟茔修筑富贵来。
开门放水招牛马，旺财男女主和谐。
遇此吉星来照护，时受福庆永无灾。

牛金牛　凶

祭　遵[12]

牛星造作主灾危，九横三灾不可推。
家宅不安人口退，田蚕不利主人衰。
嫁娶婚姻皆有损，金银财谷渐无之。
若是开门并放水，牛猪羊马亦伤悲。

女土蝠 凶

景 丹[13]

女星造作损婆娘，兄弟相嫌似虎狼。
埋葬生灾逢鬼怪，颠邪疾病更瘟瘴。
为事遭官财失散，泻痢留连不可当。
开门放水逢此日，全家散败主离乡。

虚日鼠 凶

盖 延[14]

虚星造作生灾殃，男女孤眠不一双。
内乱风声无礼节，儿孙媳妇伴人床。
开门放水招灾祸，虎咬蛇伤及卒亡。
三三五五连年病，家破人亡不可当。

危月燕　凶

坚　镡[15]

危星不可造高堂，自吊遭刑见血光。
三岁孩儿遭水厄，后生出外不还乡。
埋葬若还逢此日，周年百日卧高床。
开门放水遭刑杖，三年五载亦悲伤。

室火猪 吉

耿 纯[16]

室星造作进田牛，儿孙代代近王侯。
富贵荣华天上至，寿如彭祖[17]八千秋。
开门放水招财帛，和合婚姻生贵儿。
埋葬若能依此日，门庭兴旺福无休。

壁水貐　吉

臧　宫[18]

壁星造作进庄田，丝蚕大熟福滔天。
奴婢自来人口进，开门放水出英贤。
埋葬招财官品进，家中诸事乐滔然。
婚姻吉利生贵子，早播名声着祖鞭。

奎木狼 凶

马 武[19]

奎星造作得祯祥，家下荣和大吉昌。
若是埋葬阴卒死，当年定主两三丧。
看看军令刑伤到，重重官事主瘟瘴。
开门放水招灾祸，三年两次损儿郎。

娄金狗　吉

刘　隆[20]

娄星竖柱起门庭，财旺家和事事兴。
外境钱财百日进，一家兄弟播声名。
婚姻进益生贵子，玉帛金银箱满盈。
放水开门皆吉利，男荣女贵寿康宁。

胃土雉　吉

马　成[21]

胃星造作事如何，富贵荣华喜气多。
埋葬进临官禄位，三灾九祸不逢他。
婚姻遇此家富贵，夫妇齐眉永保和。
从此门庭生吉庆，儿孙代代拜金坡。

昴日鸡　凶

王　梁[22]

昴星造作进田牛，埋葬官灾不得休。
重丧二日三人死，卖尽田园不能留。
开门放水招灾祸，三岁孩儿白了头。
婚姻不可逢此日，死别生离实可愁。

毕月乌　吉

陈　俊[23]

毕星造作主光前，买得田园有粟钱。
埋葬此日添官职，田蚕大熟来丰年。
开门放水多吉庆，合家人口得安然。
婚姻若能逢此日，生得孩儿福寿全。

觜火猴 凶

傅 俊[24]

觜星造作有徒刑，三年必定主伶仃。
埋葬卒死多由此，敢定寅年便杀人。
三丧不止皆由此，一人药毒二人身。
家门田地皆退败，仓库金银化作尘。

参水猿 吉

杜 茂[25]

参星造作旺人家，文星照耀大光华。
只因造作田财旺，埋葬招疾丧黄沙。
开门放水加官职，房房子孙见田加。
婚姻许定遭刑克，男女朝开暮落花。

井木犴　吉

铫　期[26]

井星造作旺蚕田，金榜题名第一先。
埋葬须防惊卒死，忽癫疯疾入黄泉。
开门放水招财帛，牛马猪羊旺莫言。
寡妇田塘来入宅，儿孙兴旺有余钱。

鬼金羊 凶

王 霸[27]

鬼星起造卒人亡，堂前不见主人郎。
埋葬此日官禄至，儿孙代代近君王。
开门放水须伤死，嫁娶夫妻不久长。
修土筑墙伤产女，手扶双女泪汪汪。

柳土獐 凶

任 光[28]

柳星造作主遭官，昼夜偷闲不暂安。
埋葬瘟瘟多疾病，田园退尽守孤寒。
开门放水招聋瞎，腰驼背曲似弓弯。
更有棒刑宜谨慎，妇人随客走盘桓。

星日马　凶

李　忠[29]

星宿日好造新房，进职加官近帝王。
不可埋葬并放水，凶星临位女人亡。
生离死别无心恋，自要归休别嫁郎。
孔子九曲珠难度，放水开沟天命伤。

张月鹿　吉

万　脩[30]

张星日好造龙轩，年年便见进庄园。
埋葬不久升官职，代代为官近帝前。
开门放水招财帛，婚姻和合福绵绵。
田蚕大利仓库满，百般利意自安然。

翼火蛇 凶

邳 仝[31]

翼星不利架高堂，三年二载见瘟瘴。
埋葬若还逢此日，子孙必定走他乡。
婚姻此日不宜利，归家定是不相当。
开门放水家须破，少女贪花恋外郎。

轸水蚓　吉

刘　直[32]

轸星临水造龙宫，代代为官受敕封。
富贵荣华增福寿，库满仓盈自昌隆。
埋葬文星来照助，宅舍安宁不见凶。
更有为官沾帝宠，婚姻龙子出龙宫。

【注释】

①二十八宿：古人用作观测日月五星运行坐标的二十八组恒星或星座。由于它们环列在日月五星的四方，很像日月五星的栖宿场所，因此称之为二十八宿。古人还把二十八宿分为东、南、西、北四宫，每宫七宿，分别将各宫所属七宿想象为一种动物形象，以为是“天之四灵”，以正四方。东宫七宿的动物形象为苍龙，南宫七宿的动物形象为朱雀，西宫七宿的动物形象为白虎，北宫七宿的动物形象为玄武（龟蛇）。这里的苍龙、朱雀、白虎、玄武，就是所谓的“四象”。这就是《尚书·尧典》孔颖达疏中所说的“四方皆有七宿，可成一形。东方成龙形，西方成虎形，皆南首而北尾；南方成鸟形，北方成龟形，皆西首而东尾”。“四象”与二十八宿的关系如下表。

宫名与动物形象	各宫七宿
东宫苍龙	角亢氐房心尾箕
南宫朱雀	井鬼柳星张翼轸
西宫白虎	奎娄胃昴毕觜参
北宫玄武	斗牛女虚危室壁

这里所用的选择方法，是“三十六禽推命法”。所谓“三十六禽推命法”，就是选择三十六种飞禽走兽，以一个人的生辰所值的时间和不同的二十八宿跟三十六种（实际选用二十八种）飞禽走兽和日月五星（合称“七曜”）相配合，用以推断吉凶。日月五星跟飞禽走兽的配合关系如下。

日——兔　鼠　鸡　马

月——狐　燕　乌　鹿

木——蛟　獬　狼　犴

金——龙　牛　狗　羊

土——貉　蝠　雉　獐

火——虎　猪　猴　蛇

水——豹　貐　猿　蚓

二十八宿跟日月五星和禽兽的配合关系如下：

角——木蛟　　亢——金龙

氐——土貉　　房——日兔

心——月狐　　尾——火虎

箕——水豹　　井——木犴

鬼——金羊　　柳——土獐

星——日马　　张——月鹿

翼——火蛇　　轸——水蚓

奎——木狼　　娄——金狗

胃——土雉　　昴——日鸡

毕——月乌　　觜——火猴

参——水猿　　斗——木獬

牛——金牛　　女——土蝠

虚——日鼠　　危——月燕

室——火猪　　壁——水貐

古人认为，二十八宿有的主吉，有的主凶，并拟出二十八首《值日吉凶歌》，古人还认为，天上的星宿与地下的人事是相对应的，上有多少星，下有多少人，大人物是大星宿转世，小人物是小星宿转世，并选择东汉初年刘秀手下的二十八员名将与二十八宿相配合，拟出二十八幅《吉凶星像图》。

②邓禹（2—58）：东汉开国名将，云台二十八将之首，字仲华，南阳新野（今河南新野）人。拜大司徒，封酇侯。后封高密侯，以特进奉朝请。谥号元侯。

③瘟瘽：牛、马、猪、羊等家畜的急性传染病。

④吴汉（？—44）：字子颜，南阳宛县（今河南南阳）人。东汉开国名将、军事家，云台二十八将第二位。

⑤贾复（？—55）：字君文，南阳冠军（今河南邓州西北）人，东

汉名将，“云台二十八将”第三位。封胶东侯，食邑六县。谥号刚侯。

⑥耿弇（3—58）：字伯昭，扶风茂陵（今陕西兴平）人。东汉开国元勋、军事家，位列“云台二十八将”第四位，上谷太守耿况之子。

⑦寇恂（？—36）：字子翼，上谷昌平（今北京昌平区）人。东汉开国功臣，“云台二十八将”第五位。寇恂出身世家大族，曾为上谷郡功曹。

⑧岑彭（？—35）：字君然，南阳棘阳（今河南新野县）人，东汉开国名将、军事家，列“云台二十八将”第六位。

⑨冯异（？—34）：字公孙，颍川父城（今河南宝丰县东）人，东汉开国名将、军事家，“云台二十八将”第七位。封为征西大将军、阳夏侯。建武十年（34）病逝于军中，谥曰节侯。

⑩朱祐（前10—48）：字仲先，南阳郡宛县（今河南南阳）人。东汉开国名将，“云台二十八将”第八位。历任护军、偏将军、建义大将军，先后封为安阳侯、堵阳侯、鬲侯。

⑪鼎台：这里指高位。

⑫祭遵（？—33）：字弟孙，颍川颍阳（今河南襄城县颍阳镇）人。东汉中兴名将，“云台二十八将”第九位。任征虏将军，封颍阳侯。

⑬景丹（？—26）：字孙卿，冯翊栎阳（今陕西西安阎良区武屯镇）人，东汉开国名将，“云台二十八将”第十位。在追随刘秀平定河北的征战中立有战功，历任偏将军、骠骑大将军，先后封为奉义侯、栎阳侯。

⑭盖延（？—39）：字巨卿，渔阳郡要阳县（今北京平谷区）人。东汉中兴将领，“云台二十八将”第十一位。任虎牙大将军，封安平侯。

⑮坚镡（？—50）：字子伋，颍川襄城（今河南禹州）人。东汉中兴名将，“云台二十八将”第十二位。拜扬化将军，封濦强侯，后封合肥侯。

⑯耿纯（？—37）：字伯山，钜鹿郡宋子县（今河北邢台新河县）人。东汉开国将领，“云台二十八将”第十三位，济南太守耿艾之子。

拜太中大夫、东郡太守，封东光侯。

⑰彭祖：传说中的上古养生家，长寿，在世八百余年。

⑱臧宫（？—58）：字君翁，颍川郏县（今河南郏县）人。东汉中兴名将，“云台二十八将”之一。起家亭长，参加绿林起义军。封朗陵侯。

⑲马武（？—61）：字子张，南阳郡湖阳县（今河南唐河县）人。东汉中兴名将，“云台二十八将”第十五位。拜侍中、骑都尉，定封杨虚侯，因留奉朝请。

⑳刘隆（？—57）：字元伯，南阳（今河南南阳）人，东汉中兴名将，“云台二十八将”中排名第十六。封为扶乐乡侯。

㉑马成（？—56）：字君迁。南阳郡棘阳（今河南新野县）人。东汉中兴名将，“云台二十八将”中排名第十九。任扬武将军，定封全椒侯。

㉒王梁（？—38）：字君严，渔阳要阳（今北京平谷区）人。东汉名将，“云台二十八将”之一。历任野王令、大司空、河南尹、济南太守，先后被封为武强侯、阜成侯。

㉓陈俊（？—47）：字子昭，南阳郡西鄂县（今河南南召县）人。东汉中兴名将，“云台二十八将”之一。历任强弩将军、泰山太守、琅琊太守，封新处侯。建武十三年，定封祝阿侯。

㉔傅俊（？—31）：字子卫，颍川郡襄城（今河南禹州）人，东汉中兴名将，“云台二十八将”之一。历任骑都尉、侍中、积弩将军，被封为昆阳侯。

㉕杜茂（？—43）：字诸公，南阳郡冠军县（今河南邓州张村镇）人，东汉初年名将，“云台二十八将”之一。历任中坚将军、大将军、骠骑大将军，先后受封为乐乡侯、脩侯、参蘧乡侯。

㉖铫期（？—34）：字次况，汉族，颍川郡郏县（今河南郏县）人。东汉大将，“云台二十八将”之一。历任偏将军、虎牙大将军、魏郡太守、太中大夫、卫尉。受封安成侯。

㉗王霸（？—59）：字元伯，颍川颍阳（今河南许昌西南襄城县）人，东汉将领，“云台二十八将”之一。拜任讨虏将军。封淮陵侯。

㉘任光：（？—29）：字伯卿，南阳宛城人。“云台二十八将”之一。被封为信都郡太守。后封为阿陵侯。

㉙李忠（？—43）：字仲都，东莱黄县（今山东烟台）人。东汉开国名将，“云台二十八将”第二十五位。任五官中郎将，被封为中水侯。

㉚万脩（？—26）：字君游，扶风茂陵（今陕西兴平）人，东汉大将，“云台二十八将”之二十六。历任偏将军、右将军，先后被封为造义侯、槐里侯。

㉛邳仝（？—30）：又作邳肜，字伟君，信都郡信都县（今河北衡水冀州区）人。东汉中兴名将，“云台二十八将”之一。封灵寿侯，署理大司空，迁太常、少府、左曹侍中。

㉜刘直（？—26）：又作刘植，字伯先，昌城（今河北巨鹿县）人。东汉中兴名将，“云台二十八将”之一。封昌城侯。

二十八宿值日占风雨阴晴歌诀

春季

虚危室壁多风雨，若遇奎星天色晴。
娄胃乌风天冷冻，昴毕温和天又明。
觜参井鬼天见日，柳星张翼阴还晴。
轸角二星天少雨，或起风雨傍岭行。
亢宿大风起沙石，氐房心尾雨风声。
箕斗濛濛天少雨，牛女微微作雨声。

夏季

虚危室壁天半阴，奎娄胃宿雨冥冥。
昴毕二星天有雨，觜参二宿天又阴。

井鬼柳星晴或雨，张星翼轸又晴明。
角亢二星太阳见，氐房二宿大山风。
心尾依然宿作雨，箕斗牛女遇天晴。

秋季

虚危室壁震雷惊，奎娄胃昴雨淋庭。
毕觜参井晴又雨，鬼柳云开客便行。
星张翼轸天无雨，角亢二星风雨声。
氐房心尾必有雨，箕斗牛女雨濛濛。

冬季

虚危室壁多风雨，若遇奎星天色明。
娄胃雨声天冷冻，昴毕之期天又晴。
觜参二宿半时晴，井鬼二星天色黄。
莫道柳星云雾起，天寒风雨有严霜。
张翼风雨又见日，轸角夜雨日还晴。
亢宿大风起沙石，氐房心尾风雨声。
箕斗二星天有雨，牛女阴凝天又晴。

歌曰：

占卜阴晴真妙诀，仙贤秘密不虚名。
掌上轮星天上应，定就乾坤阴与晴。

猫眼定时辰[①] 歌诀

子午卯酉一条线[②]，寅申巳亥圆如镜。
辰戌丑未枣核形，十二时辰如决定。

【注释】

①时辰：古人将一昼夜时间等分，分为十二个时段，并用十二地支代表这十二个时段，叫作时辰。如下表：

23-1	1-3	3-5	5-7	7-9	9-11	11-13	13-15	15-17	17-19	19-21	21-23
子	丑	寅	卯	辰	巳	午	未	申	酉	戌	亥

这首歌诀讲的是通过观察猫眼瞳孔的表状判断时辰的方法。

②子午卯酉一条线：这句是说子时、午时、卯时、酉时猫的瞳孔像一条线，也就是说，猫的瞳孔像一条线的时候，是子时、午时、卯时、酉时。余类推。

定寅时歌诀

正九五更①二点彻，二八五更四点歇。
三七平光是寅时，四六日出寅无别。
五月日高三丈地，十月十二四更二。
仲冬②才到四更初，便是寅时须切记。

【注释】

①更：古代夜间计时的一种方法。古人将一夜（从黄昏至拂晓，约从当日十九时至次日五时）分为五等份，每段约两小时，称为“更”，又称“鼓”。五更：指五更时，三时至五时。点：古时一夜分为五更，一更分为五点或三点。唐代每更皆分为五点，每点24分钟。宋代则一更、五更各为三点，每点40分钟，二、三、四更各为五点，每点24分钟，一夜为五更二十一点。明、清两代沿宋制。又，句中的“正九”是正月和九月。

②仲冬：农历十一月。

定太阳出没[①]歌诀

正九出乙入庚方，二八出兔[②]入鸡[③]场。
三七发甲入辛地，四六生寅入戌方。
五月生艮归乾上，仲冬[④]出巽入坤方。
惟有十月十二月，出辰入申仔细详。

【注释】

①太阳出没：古人把五行、天干、地支、四方、十二月、八卦配合起来，记时间、表方向。如下图。

②兔：指地支中的卯。

③鸡：指地支中的酉。

④仲冬：指农历十一月。

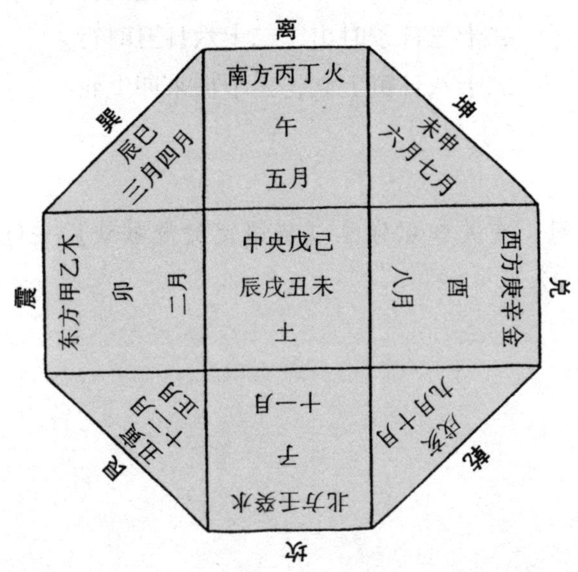

定太阴出没歌诀①

初三庚兮初八丁，十三乾上月华临。
十八巽宫廿三艮，廿八坤兮五日轮。

【注释】

①太阴：指月亮。

定太阴出时①歌诀

三辰五巳八午升，初十出未十三申。
十五酉时十八戌，二十亥上记其神。
二十三日子时出，二十六日丑时行。
二十八日寅上立，三十加来卯上轮。

【注释】

①太阴出时：有关知识详见《猫眼定时辰歌诀》注①和《定太阳出没歌诀》注①。

定九星[1]歌诀

四孟[2]甲子起妖星，仲冬甲子惑星临[3]。
季月禾刀为甲子，九星相配顺流行。
煞贡一星为大吉，直星行事可人心。
卜木角己为凶恶，人专诸事并清宁。
立早妖星惑星共，禾刀四曜[4]有灾迍。

假如正、四、七、十月四孟月甲子日起妖星，乙丑日是惑星，丙寅日是禾刀，丁卯煞贡，戊辰直星，己巳卜木，庚午角己，辛未人专，壬申立早，癸酉又妖星，甲戌又惑星。下仿此。

【注释】

①九星：这里指妖星、惑星、禾刀、煞贡、直星、卜木、角己、人专、立早九星。从下文看，九星之中，煞贡、直星、人专为吉神（“煞贡一星为大吉”“直星行事可人心”“人专诸事并清宁”），卜木、角己、立早、妖星、惑星、禾刀为凶煞（“卜木角己为凶恶”“立早妖星惑星共，禾刀四曜有灾迍”）。

②四孟：一年分四季，每季三个月，古人把每季的第一个月即正月、四月、七月和十月称为孟月，第二个月即二月、五月、八月、十一月称为仲月，第三个月即三月、六月、九月、十二月称为季月。又把每季的第一个月分别称为孟春、孟夏、孟秋、孟冬，第二个月分别称为仲春、仲夏、仲秋、仲冬，第三个月分别称为季春、季夏、季秋、季冬。又，在六十甲子中，每季的孟、仲、季月（即第一个月、第二个月、第三个月）九星当值的次序各不相同，关于这一点，详见下篇《金符经》。再，九星排列有一定次序，即：妖星、惑星、禾刀、煞贡、直星、

卜木、角已、人专、立早，不能错乱。

③仲冬甲子惑星临：句中“仲冬”应为“仲月”。

④曜：这里是“星”的意思。

金符经[①]

正月、四月、七月、十月四孟之月甲子日起妖星

甲子妖星	乙丑惑星	丙寅禾刀	丁卯煞贡	戊辰直星
己巳卜木	庚午角己	辛未人专	壬申立早	癸酉妖星
甲戌惑星	乙亥禾刀	丙子煞贡	丁丑直星	戊寅卜木
己卯角己	庚辰人专	辛巳立早	壬午妖星	癸未惑星
甲申禾刀	乙酉煞贡	丙戌直星	丁亥卜木	戊子角己
己丑人专	庚寅立早	辛卯妖星	壬辰惑星	癸巳禾刀
甲午煞贡	乙未直星	丙申卜木	丁酉角己	戊戌人专
己亥立早	庚子妖星	辛丑惑星	壬寅禾刀	癸卯煞贡
甲辰直星	乙巳卜木	丙午角己	丁未人专	戊申立早
己酉妖星	庚戌惑星	辛亥禾刀	壬子煞贡	癸丑直星
甲寅卜木	乙卯角己	丙辰人专	丁巳立早	戊午妖星
己未惑星	庚申禾刀	辛酉煞贡	壬戌直星	癸亥卜木

二月、五月、八月、十一月四仲之月甲子日起惑星

甲子惑星	乙丑禾刀	丙寅煞贡	丁卯直星	戊辰卜木
己巳角己	庚午人专	辛未立早	壬申妖星	癸酉惑星
甲戌禾刀	乙亥煞贡	丙子直星	丁丑卜木	戊寅角己
己卯人专	庚辰立早	辛巳妖星	壬午惑星	癸未禾刀

（续表）

甲申煞贡	乙酉直星	丙戌卜木	丁亥角己	戊子人专
己丑立早	庚寅妖星	辛卯惑星	壬辰禾刀	癸巳煞贡
甲午直星	乙未卜木	丙申角己	丁酉人专	戊戌立早
己亥妖星	庚子惑星	辛丑禾刀	壬寅煞贡	癸卯直星
甲辰卜木	乙巳角己	丙午人专	丁未立早	戊申妖星
己酉惑星	庚戌禾刀	辛亥煞贡	壬子直星	癸丑卜木
甲寅角己	乙卯人专	丙辰立早	丁巳妖星	戊午惑星
己未禾刀	庚申煞贡	辛酉直星	壬戌卜木	癸亥角己

三月、六月、九月、十二月四季之月甲子日起禾刀

甲子禾刀	乙丑煞贡	丙寅直星	丁卯卜木	戊辰角己
己巳人专	庚午立早	辛未妖星	壬申惑星	癸酉禾刀
甲戌煞贡	乙亥直星	丙子卜木	丁丑角己	戊寅人专
己卯立早	庚辰妖星	辛巳惑星	壬午禾刀	癸未煞贡
甲申直星	乙酉卜木	丙戌煞贡	丁亥人专	戊子立早
己丑妖星	庚寅惑星	辛卯禾刀	壬辰煞贡	癸巳直星
甲午卜木	乙未角己	丙申人专	丁酉立早	戊戌妖星
己亥惑星	庚子禾刀	辛丑煞贡	壬寅直星	癸卯卜木
甲辰角己	乙巳人专	丙午立早	丁未妖星	戊申惑星
己酉禾刀	庚戌煞贡	辛亥直星	壬子卜木	癸丑角己
甲寅人专	乙卯立早	丙辰妖星	丁巳惑星	戊午禾刀
己未煞贡	庚申直星	辛酉卜木	壬戌角己	癸亥人专

【注释】

①金符经：这是一张九星当值表。一年四季，每季的孟月即第一个月（正月、四月、七月、十月）的甲子日是起妖星，仲月即第二个月（二月、五月、八月、十一月）的甲子日是起惑星，季月即第三个月

（三月、六月、九月、十二月）的甲子日是起禾刀，然后按九星顺序依次排列，周而复始。具体安排见正文。关于九星值日的吉凶情况，详见下篇《九星值日吉凶》。

九星值日吉凶[①]

妖星　凡上官、嫁娶、起造、开店、移徙、入宅，犯此，一年之内，人口灾凶、官司、失盗、田宅退败，定损长男，或有口舌自东方、南方来。

惑星　凡造作、嫁娶、移徙、上官、开店、葬埋，犯此，一年之内，百事衰败、六畜死伤、生子不肖、妇人淫乱、官司、失盗、被人欺骗、小口有灾。

禾刀　凡上官、造作、起盖、嫁娶、移徙、开店，犯此，一年之内，主疾病、孝服、虎伤、杀人之事、血光之灾、奴仆不利。

煞贡　凡造作、起盖、嫁娶、移徙、上官、造桥、葬埋，遇此，三年之内，有官者禄位高迁，无官者田宅进益，主有贵子、父慈子孝、奴仆成行，所为多吉。

直星　凡上官、嫁娶、开店、修造、葬埋，遇此，三年之内，有吉庆事，居官者加官进禄，庶人百事称心，生财致富。若遇金神七煞日，必凶。金神七煞[②]：

甲年午未日　乙年辰巳日　丙年子丑寅卯日

丁年戌亥日　戊年申酉日　己年午未日

庚年辰巳日　辛年子丑寅卯日　壬年戌亥日

癸年申酉日

卜木　凡造作、嫁娶、移徙、开店、葬埋，犯此，三年之内，出疯疾之人，又主大惊、哀哭、官司、口舌、兄弟不和、财物耗散、六畜不旺、百事衰败。

角己　凡造作、嫁娶、移徙、开店、葬埋、上官，犯此，二年之内，主有腹疾、枷杻、失盗之厄，家业退败之祸。

人专 凡造作、嫁娶、移徙、上官、入宅、开店、葬埋，遇此，一年之内，主有贵子，三年之内，有官者升官，无官者所为吉庆，大发财谷，得外人力，僧道用之俱吉。

立早 凡造作、嫁娶、开店、上官、赴任、修造，犯此，一年之内，人口散失、所为不利、家宅破亡；竖柱上梁，主匠人有血光之灾，阴人有口舌之祸。

以上九星，惟煞贡、直星、人专三星能解诸凶，百事大吉。

【注释】

①九星值日吉凶：本篇具体而详细地说明九星当值的吉凶情况。

②金神七煞：丛辰名，凶煞。《协纪辨方书·义例·金神》称："金神者，太白之精，白兽之神。主兵戈、丧乱、水旱、瘟疫。所理之地，忌筑城池、建宫室、竖楼阁、广园林、兴工、上梁、出军、征伐、移徙、嫁娶、远行、赴任，若干犯金神者，其祸尤甚。"金神每年在不同的方位。《堪舆经》："甲己之年在午未申酉，乙庚之年在辰巳，丙辛之年在子丑寅卯午未，丁壬之年在寅卯戌亥，戊癸之年在申酉子丑。"

逐月吉星总局

（月横看去，日直看下）

月		正	二	三	四	五	六	七	八	九	十	十一	十二
天德[1]	百事吉	丁	申	壬	辛	亥	甲	癸	寅	丙	乙	巳	庚
月德	百事吉	丙	甲	壬	庚	丙	甲	壬	庚	丙	甲	壬	庚
天德合	百事吉	壬	巳	丁	丙	寅	巳	戌	亥	辛	庚	申	乙
月德合	百事吉，忌词讼	辛	己	丁	乙	辛	己	丁	乙	辛	己	丁	乙
天喜	宜结婚姻、纳采、求嗣，百事吉	戌	亥	子	丑	寅	卯	辰	巳	午	未	申	酉
天富	即满日。宜造葬，作仓库，百事吉	辰	巳	午	未	申	酉	戌	亥	子	丑	寅	卯
天贵	百事吉	春甲乙　夏丙丁　秋庚辛　冬壬癸											
天赦	宜疏狱涤冤，祀神还愿，百事吉。忌动土。遇开日是真天赦日，五月甲午日、十一月甲子日不赦	春戊寅　夏甲午　秋戊申　冬甲子											
天福	宜上官、入宅、送礼，百事吉			己	戊	辛	庚壬	乙癸	甲	丁	丙		
天成		未	酉	亥	丑	卯	巳	未	酉	亥	丑	卯	巳
天官		戌	子	寅	辰	午	申	戌	子	寅	辰	午	申
天医	即闭日。宜求医、合药、治病	丑	寅	卯	辰	巳	午	未	申	酉	戌	亥	子

（续表）

月		正	二	三	四	五	六	七	八	九	十	十一	十二
天马		午	申	戌	子	寅	辰	午	申	戌	子	寅	辰
天财		辰	午	申	戌	子	寅	辰	午	申	戌	子	寅
地财	宜入财	巳	未	酉	亥	丑	卯	巳	未	酉	亥	丑	卯
月财	宜开店、修仓库、作灶、出行、移徙	午	巳	巳	未	酉	亥	午	巳	巳	未	酉	亥
月恩	百事吉	丙	丁	庚	己	戊	辛	壬	癸	庚	乙	甲	辛
月空	宜上疏、陈策、造床帐、修屋	壬	庚	丙	甲	壬	庚	丙	甲	壬	庚	丙	甲
母仓	四季土王后，巳午日为母仓	春亥子　夏寅卯　秋辰丑戌未　冬申酉											
明星	宜上官、词讼、造葬，百事吉	申	戌	子	寅	辰	午	申	戌	子	寅	辰	午
圣心		亥	巳	子	午	丑	未	寅	申	卯	酉	辰	戌
五富	百事吉	亥	寅	巳	申	亥	寅	巳	申	亥	寅	巳	申
禄库	宜入财	辰	巳	午	未	申	酉	戌	亥	子	丑	寅	卯
福生		酉	卯	戌	辰	亥	巳	子	午	丑	未	寅	申
福厚		春寅　夏巳　秋申　冬亥											
吉庆		酉	寅	亥	辰	丑	午	卯	申	巳	戌	未	子
阴德		酉	未	巳	卯	丑	亥	酉	未	巳	卯	丑	亥
活曜	与受死日同，则凶	巳	戌	未	子	酉	寅	亥	辰	丑	午	卯	申
解神	宜疏讼狱、解冤咒	申	申	戌	戌	子	子	寅	寅	辰	辰	午	午
生气	宜修造、动土、种植，百事吉	子	丑	寅	卯	辰	巳	午	未	申	酉	戌	亥

（续表）

月		正	二	三	四	五	六	七	八	九	十	十一	十二
普护	宜祈福、嫁娶、出行，百事吉	申	寅	酉	卯	戌	辰	亥	巳	子	午	丑	未
益后	宜嫁娶、立嗣、纳婢，百事吉	子	午	丑	未	寅	申	卯	酉	辰	戌	巳	亥
续世	宜同前	丑	未	寅	申	卯	酉	辰	戌	巳	亥	午	子
要安	百事吉	寅	申	卯	酉	辰	戌	巳	亥	午	子	未	丑
驿马	百事吉	申	巳	寅	亥	申	巳	寅	亥	申	巳	寅	亥
官日	即怀安	卯　午　酉　子											
民日	即成勋	午　酉　子　卯											
守日	即寡怨	酉　子　卯　午											
旺日	即福厚	甲乙寅卯丙丁巳午庚辛申酉壬癸亥子											
相日	即恩胜	春巳午　夏辰戌丑未　秋亥子　冬寅卯											
三合	百事吉	午	未	申	酉	戌	亥	子	丑	寅	卯	辰	巳
		戌	亥	子	丑	寅	卯	辰	巳	午	未	申	酉
六合	百事吉	亥	戌	酉	申	未	午	巳	辰	卯	寅	丑	子
大红砂	百事吉	春戌子　夏辰巳　秋午未　冬申戌											
天恩	百事吉	四季何日是天恩，甲子乙丑丙寅连。 丁卯戊辰兼己卯，庚辰辛巳壬午言。 癸未隔求己酉日，庚戌辛亥亦同联。 壬子癸丑无差误，此是天恩吉日传											
天瑞	百事吉	四季天瑞是何辰，戊寅己卯辛巳真。 庚寅壬子无差别，百事逢之瑞气臻											

（续表）

<table>
<tr><th>月</th><th></th><th>正</th><th>二</th><th>三</th><th>四</th><th>五</th><th>六</th><th>七</th><th>八</th><th>九</th><th>十</th><th>十一</th><th>十二</th></tr>
<tr><td>岁德</td><td>宜上官、拜表、进疏</td><td colspan="12">甲年在甲，乙年在庚，丙年在丙，
丁年在壬，戊年在戊，己年在甲，
庚年在庚，辛年在丙，壬年在壬，
癸年在戊</td></tr>
<tr><td>显星</td><td>宜赴任、应举、入学，百事吉</td><td colspan="12">即煞贡</td></tr>
<tr><td>神在</td><td>宜求福、祭祀、还愿</td><td colspan="12">甲子　乙丑　丁卯　戊辰　辛未　壬申　癸酉
甲戌　丁丑　己卯　庚辰　壬午　甲申　乙酉
丙戌　丁亥　己丑　辛卯　甲午　乙未　丙申
丁酉　乙巳　丙午　丁未　戊申　己酉　庚戌
乙卯　丙辰　丁巳　戊午　己未　辛酉　癸亥</td></tr>
<tr><td>五合②</td><td>百事吉</td><td colspan="12">甲寅、乙卯日月合，宜祭祀、修造、嫁娶；
丙寅、丁卯阴阳合，宜起造、营居；
戊寅、己卯人民合，宜参谒、嫁娶；
庚寅、辛卯金石合，宜砌石、熔铸；
壬寅、癸卯江河合，宜渔猎、远行</td></tr>
</table>

【注释】

①天德：从辰名，星相家、选择家用语，指以阴阳五行配合年、月、日、时所定出的各种吉神凶煞。凡吉神所理之方，所在之时，宜为某事；凡凶煞所理之方，所在之时，则忌为某事。星命家以之附会人事，判断命运的吉凶。以下月德等同此，均为从辰名。这些星辰均为吉星。

②五合：即日月合，人民合，阴阳合，金石合，江河合。合，指五星中两星或几星同居一舍。《史记·天官书》：“同舍为合。”

逐月凶星总局

（月横看去，日直看下）

月		正	二	三	四	五	六	七	八	九	十	十一	十二
天罡[1]	一云“灭门”，百事凶	巳	子	未	寅	酉	辰	亥	午	丑	申	卯	戌
天吏		酉	午	卯	子	酉	午	卯	子	酉	午	卯	子
天瘟	忌修造、治病、作六畜栏	未	戌	辰	寅	午	子	酉	申	巳	亥	丑	卯
天狱		子	卯	午	酉	子	卯	午	酉	子	卯	午	酉
天棒	忌词讼	午	申	戌	子	寅	辰	午	申	戌	子	寅	辰
天狗	每月满日，是宜开池、塞穴	辰	巳	午	未	申	酉	戌	亥	子	丑	寅	卯
天狗下食	忌祭祀	子	丑	寅	卯	辰	巳	午	未	申	酉	戌	亥
		亥	子	丑	寅	卯	辰	巳	午	未	申	酉	戌
天地正转	忌动土	春癸卯　夏丙午　秋丁酉　冬庚子											
天地转杀	忌动土	春乙卯辛卯　夏丙午戊午 秋辛酉癸酉　冬壬子丙子											
月建转杀	忌动土	春卯　夏午　秋酉　冬子											
天贼	忌竖造、入宅、动土、开仓库	辰	酉	寅	未	子	巳	戌	卯	申	丑	午	酉

(续表)

月		正	二	三	四	五	六	七	八	九	十	十一	十二
地贼	忌造葬、出行、开池、动土	丑	子	亥	戌	酉	申	未	午	巳	辰	卯	寅
天火	忌盖屋、起造、修方	子	卯	午	酉	子	卯	午	酉	子	卯	午	酉
地火	忌栽种五谷及花木	戌	酉	申	未	午	巳	辰	卯	寅	丑	子	亥
月火	独火。忌作灶、盖屋	巳	辰	卯	寅	丑	子	亥	戌	酉	申	未	午
月厌	大祸。忌嫁娶、出行	戌	酉	申	未	午	巳	辰	卯	寅	丑	子	亥
月破		申	酉	戌	亥	子	丑	寅	卯	辰	巳	午	未
月杀	月虚。忌造门、开张	丑	戌	未	辰	丑	戌	未	辰	丑	戌	未	辰
荒芜	即九苦八穷日，百事凶	春巳酉丑　夏申子辰 秋亥卯未　冬寅午戌											
受死	百事忌，宜捕猎	戌	辰	亥	巳	子	午	丑	未	寅	申	卯	酉
死气官符	忌起造、安床	午	未	申	酉	戌	亥	子	丑	寅	卯	辰	巳
正四废	宜合寿木	春庚申辛酉　夏壬子癸亥 秋甲寅乙卯　冬丙午丁巳											
傍四废	吉星多可用	春庚辛　夏壬癸　秋甲乙　冬丙丁											
小红沙	百事忌	巳	酉	丑	巳	酉	丑	巳	酉	丑	巳	酉	丑
黄沙	忌出行	午	寅	子	午	寅	子	午	寅	子	午	寅	子
六不成	忌起造	寅	午	戌	巳	酉	丑	申	子	辰	亥	卯	未
大耗	百事忌	午	未	申	酉	戌	亥	子	丑	寅	卯	辰	巳
小耗	忌出入财物	巳	午	未	申	酉	戌	亥	子	丑	寅	卯	辰
神隔	忌祭祀、求福	巳	卯	丑	亥	酉	未	巳	卯	丑	亥	酉	未
人隔	忌嫁娶、进人口	酉	未	巳	卯	丑	亥	酉	未	巳	卯	丑	亥
朱雀黑道	即飞流。忌入宅、开门	卯	巳	未	酉	亥	丑	卯	巳	未	酉	亥	丑

（续表）

月		正	二	三	四	五	六	七	八	九	十	十一	十二
白虎黑道	忌葬埋	午	申	戌	子	寅	辰	午	申	戌	子	寅	辰
玄武黑道	即阴私，忌葬埋	酉	亥	丑	卯	巳	未	酉	亥	丑	卯	巳	未
勾陈黑道	即土孛	亥	丑	卯	巳	未	酉	亥	丑	卯	巳	未	酉
鲁班杀	忌竖造	春子　夏卯　秋午　冬酉											
斧头杀	忌起工、建造	春辰　夏未　秋酉　冬子											
木马杀	忌起工、建造	巳	未	酉	申	戌	子	亥	丑	卯	寅	辰	午
刀砧杀	忌针灸、穿割六畜	春亥子　夏寅卯　秋巳午　冬申酉											
披麻杀	忌嫁娶、入宅	子	酉	午	卯	子	酉	午	卯	子	酉	午	卯
五鬼	忌出行	午	寅	辰	酉	卯	申	丑	巳	子	亥	未	戌
破败	忌造作器皿	申	戌	子	寅	辰	午	申	戌	子	寅	辰	午
殃败		卯	寅	丑	子	亥	戌	酉	申	未	午	巳	辰
勾绞	与“大祸”同，百事凶	亥	午	丑	申	卯	戌	巳	子	未	寅	酉	辰
雷公		寅	亥	巳	申	寅	亥	巳	申	寅	亥	巳	申
临日	忌上官	午	亥	申	丑	戌	卯	子	巳	寅	未	辰	酉
冰消瓦陷	百事忌	巳	子	丑	申	卯	戌	亥	午	未	寅	酉	辰
河魁	一云“大祸”。忌起造、安门	亥	午	丑	申	卯	戌	巳	子	未	寅	酉	辰
飞廉大杀	忌收养六畜	戌	巳	午	未	寅	卯	辰	亥	子	丑	申	酉
五虚		春巳酉丑　夏申子辰 秋亥卯未　冬寅午戌											
枯焦	忌栽种	辰	丑	戌	未	卯	子	酉	午	寅	亥	申	巳
往亡	忌赴任、出行、嫁娶、求谋	寅	巳	申	亥	卯	午	酉	子	辰	未	戌	丑

(续表)

月		正	二	三	四	五	六	七	八	九	十	十一	十二
九空	忌出行、求财、开仓库、种植	辰	丑	戌	未	卯	子	酉	午	寅	亥	申	巳
八座地破	收日同	亥	子	丑	寅	卯	辰	巳	午	未	申	酉	戌
血忌	忌针灸、穿割六畜	丑	未	寅	申	卯	酉	辰	戌	巳	亥	午	子
血支	忌针灸、穿割六畜	丑	寅	卯	辰	巳	午	未	申	酉	戌	亥	子
重丧	忌嫁娶、起造、葬埋	甲	乙	己	丙	丁	己	庚	辛	己	壬	癸	己
重复	忌婚姻、丧葬	庚	辛	己	壬	癸	戊	甲	乙	己	壬	癸	己
阴错	忌上官、出行、嫁娶、移居	庚	辛	庚	丁	丙	丁	甲	乙	甲	癸	壬	癸
		戌	酉	申	未	午	巳	辰	卯	寅	丑	子	亥
阳错	忌与阴错同	甲	乙	甲	丁	丙	丁	庚	辛	庚	癸	壬	癸
		寅	卯	辰	巳	午	未	申	酉	戌	亥	子	丑
四时大墓		春乙未　夏丙戌　秋辛丑　冬壬辰											
土禁		春亥　夏寅　秋巳　冬申											
土府	建日同，忌动土	寅	卯	辰	巳	午	未	申	酉	戌	亥	子	丑
土瘟		辰	巳	午	未	申	酉	戌	亥	子	丑	寅	卯
土忌		寅	巳	申	亥	卯	午	酉	子	辰	未	戌	丑
		初六	二十三	十二	初八	十六	二十四	初九	二十七	初四	十四	二十	初六

【注释】

①天罡：从辰名。下同。均为凶星。

新镌许真君玉匣记增补诸家选择日用通书卷二

武林　朱说霖（雨畴）　重校

天德日（百事吉）

正月丁日，二月申日，三月壬日，四月辛日，五月亥日，六月甲日，七月癸日，八月寅日，九月丙日，十月乙日，十一月己日，十二月庚日。

月德日（百事吉）

正月丙日，二月甲日，三月壬日，四月庚日，五月丙日，六月甲日，七月壬日，八月庚日，九月丙日，十月甲日，十一月壬日，十二月庚日。

天德合（百事吉）

正月壬日，二月巳日，三月丁日，四月丙日，五月寅日，六月巳日，七月戊日，八月亥日，九月辛日，十月庚日，十一月甲日，十二月乙日。

月德合（百事吉，忌词讼）

正月辛日，二月己日，三月丁日，四月乙日，五月辛日，六月己日，七月丁日，八月乙日，九月辛日，十月己日，十一月丁日，十二月乙日。

天喜日（百事吉）

正月戌日，二月亥日，三月子日，四月丑日，五月寅日，六月卯日，七月辰日，八月巳日，九月午日，十月未日，十一月申日，十二月酉日。

天富日（百事吉）

正月辰日，二月巳日，三月午日，四月未日，五月申日，六月酉日，七月戌日，八月亥日，九月子日，十月丑日，十一月寅日，十二月卯日。

天贵日（百事吉）

春甲乙日，夏丙丁日，秋庚辛日，冬壬癸日。

天成日（宜进用）

正月未日，二月酉日，三月亥日，四月丑日，五月卯日，六月巳日，七月未日，八月酉日，九月亥日，十月丑日，十一月卯日，十二月巳日。

天赦日
（宜疏狱涤冤，祀神还愿，修灶入宅，动作百事吉。遇开日，是真天赦，五月、甲午月、十一月甲子日不赦）

春戊寅日，夏甲午日，秋戊申日，冬甲子日。

月财日
（宜开店、修仓库、取土、作灶）

正月午日，二月巳日，三月巳日，四月未日，五月酉日，六月亥日，七月午日，八月巳日，九月巳日，十月未日，十一月酉日，十二月亥日。

地财日（宜入财）

正月巳日，二月未日，三月酉日，四月亥日，五月丑日，六月卯日，七月巳日，八月未日，九月酉日，十月亥日，十一月丑日，十二月卯日。

五富日（百事吉）

正月亥日，二月寅日，三月巳日，四月申日，五月亥日，六月寅日，七月巳日，八月申日，九月亥日，十月寅日，十一月巳日，十二月申日。

禄库日（宜入财）

正月辰日，二月巳日，三月午日，四月未日，五月申日，六月酉日，七月戌日，八月亥日，九月子日，十月丑日，十一月寅日，十二月卯日。

母仓日
（四季土王后用己半日，为母仓。宜起造、婚姻、仓库，百事吉）

春亥子日，夏寅卯日，秋辰戌、丑未日，冬申酉日。

大红沙日（百事吉）

春戌子日，夏辰巳日，秋午未日，冬申戌日。

往亡日
（忌出军、出行、上官赴任、嫁娶，一如求谋）

正月寅日，二月巳日，三月申日，四月亥日，五月卯日，六月午日，七月酉日，八月子日，九月辰日，十月未日，十一月戌日，十二月丑日。

反支日（忌上表章、陈词讼）

初一戌亥，本日反支；初一申酉，初二反支；初一午未，初三反支；初一辰巳，初四反支；初一寅卯，初五反支；初一子丑，初六反支。

小红沙日

正四七十月逢巳日，二五八十一月逢酉日，三六九十二月逢丑日。

出行犯红沙，决定不还家。起造犯红沙，百日火葬家。得病犯红沙，必定犯丝麻。嫁娶逢此日，夫死嫁别家。

黄沙日

正四七十月逢午日，二五八十一月逢寅日，三六九十二月逢子日。

但凡出外犯黄沙，人亡财散不归家。

重丧日（忌嫁娶、起造）

正七连庚甲，二八乙辛当。五十一丁癸，四十丙壬妨。辰戌丑未月，戊己事重丧。

四正废日（百事凶）

春庚申日、辛酉日，夏壬子日、癸亥日，秋甲寅日、乙卯日，冬丙午日、丁巳日。

天贼日（百事忌）

正月辰日，二月酉日，三月寅日，四月未日，五月子日，六月巳日，七月戌日，八月卯日，九月申日，十月丑日，十一月午日，十二月亥日。

枯焦日

正月辰日，二月丑日，三月戌日，四月未日，五月卯日，六月子日，七月酉日，八月午日，九月寅日，十月亥日，十一月申日，十二月巳日。

长短星（忌裁衣、交易、纳财）

正月：初七长星，二十一短星。
二月：初四长星，十九短星。
三月：初一长星，十六短星。
四月：初九长星，二十五短星。
五月：十五长星，二十五短星。
六月：初十长星，二十短星。
七月：初八长星，二十二短星。
八月：初二、初五长星，十八、十九短星。
九月：初三、初四长星，十六短星。

十月：初一长星，十四短星。

十一月：十二长星，二十二短星。

十二月：初九长星，二十五短星。

纳征定亲吉日[①]

丙寅、丁卯、戊寅、己卯、丙戌、戊子、庚寅、壬寅、癸卯、乙巳、丁未、壬子、甲寅、乙卯、丁巳、戊午、己未。

忌建、破、魁星、勾绞日，宜黄道、三合、定、成日。

【注释】

①以上二十五节内容为编校者所加。

赤口日[1]　大小空亡[2]日

月		正	二	三	四	五	六	七	八	九	十	十一	十二
赤口日	忌嫁娶、交易、宴饮一切等事。如正月忌初三、初九、十五、廿一、廿七，(横看，赤口、大、小空亡日仿此)	初三	初二	初一	初六	初五	初四	初三	初二	初一	初六	初五	初四
		初九	初八	初七	十二	十一	初十	初九	初八	初七	十二	十一	初十
		十五	十四	十三	十八	十七	十六	十五	十四	十三	十八	十七	十六
		廿一	二十	十九	廿四	廿三	廿二	廿一	二十	十九	廿四	廿三	廿二
		廿七	廿六	廿五	三十	廿九	廿八	廿七	廿六	廿五	三十	廿九	廿八
大空亡日	忌出军、出行、经商、交易、出入财物，忌同前	初六	初五	初四	初三	初二	初一	初八	初七	初六	初五	初四	初三
		十四	十三	十二	十一	初十	十七	十六	十五	十四	十三	十二	十一
		廿二	廿一	廿	十九	十八	廿五	廿四	廿三	廿二	廿一	二十	十九
		三十	廿九	廿八	廿七	廿六	廿九			三十	廿九	廿八	廿七
小空亡日		初二	初一	初八	初七	初六	初五	初四	初三	初二	初一	初八	初七
		初十	初九	十六	十五	十四	十三	十二	十一	初十	初九		
		十八	十七	廿四	廿三	廿二	廿一	二十	十九	十八	十七	十六	十五
		廿六	廿五			三十	廿九	廿八	廿七	廿六	廿五	廿四	廿三
四方耗[3]	忌开张	初二	初三	初四	初五	初二	初三	初四	初五	初二	初三	初四	初五
天休废[4]	忌上官、赴任、入宅	初四 初九	十三 十八	廿二 廿七	初四 初九	十三 十八	廿二 廿七	初四 初九	十三 十八	廿二 廿七	初四 初九	十三 十八	廿二 廿七

【注释】

①赤口日：阴阳家所谓“六曜”之一。此日朝夕皆凶，唯巳、午、未三时为吉。日神类神煞。

②空亡：古代以干支记日，十干配十二支，所余二支，日辰不全，谓之空亡。“亡”即“无”，阴阳家认为是凶辰。在“六十甲子”中，甲子旬中无戌亥，甲戌旬中无申酉，甲申旬中无午未，甲午旬中无辰巳，甲辰旬中无寅卯，甲寅旬中无子丑，星命家称为“六甲空亡”。如在甲子旬中，年、月、时支见戌亥，即为空亡，又称孤虚。大小空亡是日神类神煞。

③四方耗：日神类神煞。

④天休废：日神类神煞。

四不祥日[①]

忌上官赴任。

上官初四不为祥，初七十六最堪伤。
十九更嫌二十八，愚人不信必遭殃。

【注释】

①四不祥日：“四”指上官、赴任、临政、亲民四件事。“四不祥日”指每月的初四、初七、十六、十九、二十八，共五日。这五日不祥，是选择家以隔三为破，对七为冲，这几天都是月朔地支的冲破之日。如朔日为子，子隔三即为“破卯”，对七即为“冲午”，则此月的初四、初七、十六、十九、二十八日，非卯即午。余类推。

十恶大败日[①]（附：十恶日歌诀）

百事忌。

甲己年三月戊戌，七月癸亥，十月丙申，十二月丁亥；乙庚年四月壬申，九月乙巳；丙辛年三月辛巳，九月庚辰，十月甲辰；戊癸年六月己丑。

丁壬年不忌。此是年干大败。

附：十恶日歌诀

甲辰乙巳与壬申，丙申丁亥及庚辰。

戊戌癸亥加辛巳，己丑都来十位神。

何谓十恶大败？乃十天无禄。如甲辰旬，甲禄在寅，乙禄在卯；甲辰旬，寅卯落空亡。人依禄食生，禄空何以养命？所以谓“十恶大败”。

【注释】

①十恶大败日：为六甲旬十个日值禄人空亡日。指甲辰、乙巳、庚辰、辛巳、丙申、戊戌、丁亥、己丑、壬申、癸亥等十日。如甲禄在寅，乙禄在卯，甲辰旬中寅卯为空亡，寅卯所对的辰巳为“虚”，所以甲辰、乙巳二日为无禄。余类推。又称“无禄”。这是星家认为的极凶的神煞，应当百事回避。

伏断日①

宜小儿断乳、塞鼠穴、断白蚁。

子日虚星，丑日斗星，寅日室星，卯日女星，
辰日箕星，巳日房星，午日角星，未日张星，
申日鬼星，酉日觜星，戌日胃星，亥日壁星。

【注释】

①伏断日：以二十八宿配日，以示吉凶，《通书》以一元甲子日中

的子、寅、酉为伏断。

上下兀日[1]

忌上官赴任、临政亲民、入学。

阳乾阴巽起正轮，月上初一并顺寻。

巽上坤下为兀日，上官入学并遭迍。

上下兀日起法

甲丙戊庚壬为阳，正月起乾。乙丁己辛癸为阴，正月起巽。如于正月乾上起初一，顺数到所用之日止。艮、坎、乾为三白日，离为九紫日，吉亦可用。巽为四绿，上兀日；坤为二黑，下兀日，不可用。

上下兀图

五阳年	下兀	坤 六 十二	乾 正 七
		离 五 十一	坎 二 八
	上兀	巽 四 十	艮 三 九

五阴年	下兀	坤 三 九	乾 四 十
		离 二 八	坎 五 十一
	上兀	巽 正 七	艮 六 十二

甲丙戊庚壬五阳年

月份						
正七月同	上兀 下兀	初四 初六	初十 十二	十六 十八	二十二 二十四	二十八 三十
二八月同	上兀 下兀	初三 初五	初九 十一	十五 十七	二十一 二十三	二十七 二十九
三九月同	上兀 下兀	初二 初四	初八 初十	十四 十六	二十 二十二	二十六 二十八
四十月同	上兀 下兀	初一 初三	初七 初九	十三 十五	十九 二十一	二十五 二十七
五十一月同	上兀 下兀	初六 初二	十二 初八	十八 十四	二十四 二十	三十 二十六
六十二月同	上兀 下兀	初五 初一	十一 初七	十七 十三	二十三 十九	二十九 二十五

乙丁己辛癸五阴年

月份						
正七月同	上兀 下兀	初一 初三	初七 初九	十三 十五	十九 二十一	二十五 二十七
二八月同	上兀 下兀	初六 初二	十二 初八	十八 十四	二十四 二十	三十 二十六
三九月同	上兀 下兀	初五 初一	十一 初七	十七 十三	二十三 十九	二十九 三十五
四十月同	上兀 下兀	初四 初六	初十 十二	十六 十八	二十二 二十四	二十八 三十
五十一月同	上兀 下兀	初三 初五	初九 十一	十五 十七	二十一 二十三	二十七 二十九
六十二月同	上兀 下兀	初二 初四	初八 初十	十四 十六	二十 二十二	二十六 二十八

二十八宿值日上任时

日寅月卯水辰来，金巳土午木未该。
火到申时方上印，二十八宿值时排。

【注释】

①上下兀日：兀日，迷信说法，凶日。上兀日、下兀日的安排，是六阳年即甲、丙、戊、庚、壬年以小吉、空亡、大安、留连（上兀）、

速喜、赤口（下兀）为序逐日安排的，六阴年即乙、丁、己、辛、癸则以留连（上兀）、速喜、赤口（下兀）、小吉、空亡、大安为序依次安排的。

上朔日①

忌宴会作乐。

甲年癸亥，乙年己巳，丙年乙亥，丁年辛巳，戊年丁亥，己年癸巳，庚年己亥，辛年乙巳，壬年辛亥，癸年丁巳。

【注释】

①上朔日：朔有二义，一为“始”，一为“尽”，这里取“尽”义。如甲年以甲为德，甲至癸而十，甲年之癸而又临于亥，则癸为德尽，亥为阴之尽，所以甲年以癸亥为上朔日。余类推。古人认为上朔日阴阳与德俱尽，不吉利，吉事应当回避。

火星日①

忌修造、起盖、砌灶、裁衣等事。

正、四、七、十月：乙丑、甲戌、癸未、壬辰、辛丑、庚戌、己未。

二、五、八、十一月：甲子、癸酉、壬午、辛卯、庚子、己酉、戊午。

三、六、九、十二月：壬申、辛巳、庚寅、己亥、戊申、丁巳。

【注释】

①火星日：火星当值日。火星是凶煞，属日神类神煞。

长短星[①]日

忌裁衣、纳财。

正月：初七、二十一。

二月：初四、十九。

三月：初一、十六。

四月：初九、二十五。

五月：十五、二十五。

六月：初十、二十。

七月：初八、二十二。

八月：初二、初五、十八、十九。

九月：初三、初四、十六、十七。

十月：初一、十四。

十一月：十二、二十二。

十二月：初九、二十五。

【注释】

①长短星：指长星和短星，均为日神类神煞，按月取日数，如正月取初七为长星日，二十一日为短星日。余类此。

九土鬼[①]日

乙酉、癸巳、甲午、辛丑、壬寅、己酉、庚戌、丁巳、戊午。

忌上官、出行、起造、动土、交易。此星与建、破、平、收[②]日相并则凶，有吉星相并则不忌。

【注释】

①九土鬼：时神类神煞。

②建、破、平、收：建除十二客中的四个神煞。“建”一般情况下为吉，但修造、动土之类的事还是不做为好。“破”则万事不利，只能做破垣坏屋之类的事。“平”，万事皆宜。“收”，意味着事物的终结，因而对于收割五谷、修仓库等有利，初始之事为旅行、葬礼等则不利，应忌。

灭没日[①]

弦日虚星，晦日娄星，朔日角星，
望日亢星，虚日鬼星，盈日牛星。

忌行船。

【注释】

①灭没日：日神系统神煞。

水痕日①

大月：初一、初七、十一、十七、二十三、三十。

小月：初三、初七、十二、二十六。

忌造酒、合酱。

【注释】

①水痕日：日神系统神煞。

人神所在日

不宜针灸。

初一日，在足大指。初二日，在外踝。初三日，在股内。初四日，在腰。初五日，在口。初六日，在手。初七日，在外踝。初八日，在腕。初九日，在尻。初十日，在腰背。十一日，在鼻柱。十二日，在发际。十三日，在牙齿。十四日，在胃脘。十五日，在遍身。十六日，在胸。十七日，在气冲。十八日，在股内。十九日，在足。二十日，在内踝。二十一日，在手小指。二十二日，在外踝。二十三日，在肝及足。二十四日，在手阳明。二十五日，在足阳明。二十六日，在肾。二十七日，在膝。二十八日，在阴。二十九日，在膝胫。三十日，在足踝。

先贤死葬日[1]

忌入学、求师。

孔子：乙丑日死，四月十八日乙丑日葬。

仓颉：丙寅日死，辛未日葬。

又忌：乙丑、丁巳日，不宜饮酒作乐。

【注释】

①先贤死葬日：忌日，不宜举事。

彭祖百忌日[1]

甲不开仓，财物耗亡[2]。乙不栽植，千株不长。
丙不修灶，必见火殃。丁不剃头，头主生疮。
戊不受田，田主不祥。己不破券，二主并亡。
庚不经络，织机虚张。辛不合酱，主人不尝。
壬不决水，难更堤防。癸不词讼，理弱敌强。
子不问卜，自惹灾殃。丑不冠带，主不还乡。
寅不祭祀，鬼神不尝。卯不穿井，泉水不香。
辰不哭泣，必主重丧。巳不远行，财物伏藏。
午不苫盖，室主更张。未不服药，毒气入肠。
申不安床，鬼祟入房。酉不会客，宾主有伤。
戌不乞犬，作怪上床。亥不嫁娶，必主分张。
建宜出行，不可开仓。除可服药，针灸亦良。
满可肆市，服药遭殃。平可涂泥，安机吉昌。

定宜进畜，入学名扬。执可捕捉，贼盗难藏。

破宜治病，必主安康。危可捕鱼，不利行船。

成可入学，争讼不强。收宜纳财，却忌安葬。

开可求仕，针灸不祥。闭不竖造，只许安床。

【注释】

①彭祖百忌日：禁忌日，前十个忌日用十天干表示，中间十二个忌日用十二地支表示，后十二个忌日用建除十二客表示。一年中不论何月，遇之则忌。彭祖：古代方士，长寿，相传有八百岁。

②甲不开仓，财物耗亡：这是个因果句，意为逢甲的日子不能开仓，因为如果开仓财物就会耗亡。

杨公忌日[①]

百事忌。

神仙留下十三日，举动须防多损失。

一切起造与兴工，不遭火盗定遭凶。

婚姻嫁娶亦非宜，不得到头终不吉。

人生出世遇此日，劳劳碌碌得还失。

安葬若还逢此日，后代儿孙必乞食。

上官赴任用此日，破贼多愁主革职。

得知广普传与人，子孙昌盛皆阴骘 。

正月十三，二月十一，三月初九，四月初七，五月初五，六月初二，七月初一、二十九，八月二十七，九月二十五，十月二十三，十一月二十一，十二月十九。

【注释】

①杨公忌日：禁忌日。关于杨公忌日的原委，说法颇多，其中

《协纪辨方书·辨讹·杨公忌》认为：其法乃是室火猪日。其术元旦起角宿，依二十八宿次序顺数，值室宿之日，即为杨公忌。不论月之大小，二十八日一周，每月递退二日，故正月十三、二月十一，以至七月初一、二十九，而终于十二月十九，凡十三日。

月忌日[①]

百事忌。

初五十四二十三，年年月月在人间。
从古至今有文字，口口相传不等闲。
无事游宕之社稷，李颜入宅丧三男。
初五犯着家长死，十四逢之身自当。
行船落水遭官事，皆因遇着二十三。

【注释】

①月忌日：旧俗中每月中的禁忌日。每月三日，即：初五、十四、二十三日。不宜出游、入宅、行船。

探病忌日[①]

壬寅壬午连庚午，甲寅乙卯己卯妨。
神仙留下此六日，探人疾病替人亡。

【注释】

①探病忌日：指不能探病的凶日。共六日。旧时迷信说法，在这六日探望患者，就会碰上瘟神，染上疾病，替人死亡。

神号日

正月戌日，二月亥日，三月子日，四月丑日，五月寅日，六月卯日，七月辰日，八月巳日，九月午日，十月未日，十一月申日，十二月酉日。

鬼哭日

正月未日，二月戌日，三月辰日，四月寅日，五月午日，六月子日，七月酉日，八月申日，九月巳日，十月亥日，十一月丑日，十二月卯日。

神号鬼哭[①]世间稀，十个医人九不知。
纵然神仙休下药，连忙打坟又嫌迟。

【注释】

①神号鬼哭：即神号日和鬼哭日。均为凶日。

鹤神方位[①] 图

凡事避之大吉

【注释】

①鹤神方位：出行时不能抵向的方向。本为吉神，后来演变为南方民俗中的凶煞。鹤神在癸巳日上天，共十六日，至己酉日而下，巡历四方，共四十四日。从癸巳至戊申的十六日中，一个在室，一个在天，而其在四方亦然。据此推测其义理，大约是以鹤神为天罡（凶煞），这样鹤神方向就是天罡地煞之游行，自然不能抵向。

元旦出行吉日

宜从天德、月德、天德合、月德合吉方而行，忌鹤神游占之处。

鹤神日游方

乙卯、丙辰、丁巳、戊午、己未五日，在正东，忌甲卯乙。
庚申、辛酉、壬戌、癸亥、甲子、乙丑六日，在东南，忌辰巽巳。
丙寅、丁卯、戊辰、己巳、庚午五日，在正南，忌丙午丁。
辛未、壬申、癸酉、甲戌、乙亥、丙子六日，在西南，忌未坤申。
丁丑、戊寅、己卯、庚辰、辛巳五日，在正西，忌庚酉辛。
壬午、癸未、甲申、乙酉、丙戌、丁亥六日，在西北，忌戌乾亥。
戊子、己丑、庚寅、辛卯、壬辰五日，在正北，忌壬子癸。
癸巳起，至戊申止，此十六日，鹤神在天宫，无忌。
己酉、庚戌、辛亥、壬子、癸丑、甲寅六日，在东北，忌丑艮寅。
元旦日，忌从此方出行，若其日鹤神在天宫，宜行本日吉方。

鹤神月游方

吉神方向，未交立春节，依此例用。

正东	宜行正西	天德庚	月德庚
东南	宜行正西东	天德庚合乙	月德庚合乙
正南	宜行正西东	天德庚合乙	月德庚合乙
西南	宜行正西东	天德庚合乙	月德庚合乙
正西	宜行正东	天德合乙	月德庚合乙

西北	宜行正西东	天德庚合乙	月德庚合乙
正北	宜行正西东	天德庚合乙	月德庚合乙
东北	宜行正西东	天德庚合乙	月德庚合乙

鹤神日游方

吉神方向，既交立春节，依此例用。

正东	宜行正南北	天德合丁壬	正西月德合丙辛 天德丁
东南	宜行正北西	天月德合丁辛	正南月德合丙 天德丁
正南	宜行正北	天德合壬	正南月德合辛
西南	宜行正北西	天德合壬辛	正南天月德丁丙
正西	宜行正北南	天德合壬丁	正西月德丙
西北	宜行正南北	天德合丁壬	正西月德丙合辛
正北	宜行正南西	天月德丁辛	正西月德丙合辛
东北	宜行正南北	天德合丁壬	正西月德丙合辛

曜仙[1] 选择逐月吉凶日

曜仙曰：予尝定六十甲子，十二月内克择日辰，凡上官赴任、出行、交易、开张、修造房屋仓库、上梁安门、婚姻嫁娶、葬埋一切等事，若遇天宁、地宁、人宁日[2]，为上吉，天和、地和、人和日[3]，为中吉，士人用之，加官进禄，庶人添财进喜，百事和谐，僧道昌盛。今将月日图列后。

逐月吉凶日

月横看去，日直看下。月横看，如正月是“和”，二月无字不用，三月“宁”，四月“和”，五月“宁”，六月无字不用。下仿此。

日直看，如正月甲子、丙子、戊子、庚子、壬子皆是“和”，如乙丑、丁丑、己丑、辛丑、癸丑，无字不用。下仿此。

月	正	二	三	四	五	六	七	八	九	十	十一	十二
甲丙戊庚壬子④	和		和	和		和	和		和	和		和
乙丁己辛癸丑		和		宁	宁			和		宁	宁	
甲丙戊庚壬寅	宁		宁		和	宁			和	宁		宁
乙丁己辛癸卯	和			和		宁	和		和	宁		宁
甲丙戊庚壬辰	宁				和		宁	和		和	宁	
乙丁己辛癸巳		和	和			宁		和	宁		和	宁
甲丙戊庚壬午	和		和	和			和	和		和		和
乙丁己辛癸未	宁		和	和				宁	宁	和		
甲丙戊庚壬申		和	和			和	宁					宁
乙丁己辛癸酉			宁	和			和			和		
甲丙戊庚壬戌		和		宁	和		宁	和			和	
乙丁己辛癸亥		和						和	宁		和	宁

【注释】

①曜仙：虚拟、假托的人物。

②天宁、地宁、人宁日：大吉之日。

③天和、地和、人和日：吉日。

④甲丙戊庚壬子：这是“六十甲子”中的“子日”，即甲子、丙子、戊子、庚子、壬子，共五日。下边的“乙丁己辛癸丑”，是“丑日”，即乙丑、丁丑、己丑、辛丑、癸丑，亦为五日。下类此，分别是寅日、卯日、辰日、巳日、午日、未日、申日、酉日、戌日、亥日。自子至亥，共六十日。古人常用此法判断吉凶，适用事项多限于做官、出行、交易、营造、嫁娶、丧葬等。

上官赴任天迁图

天迁圆图，按宫制顺逆[①]，如大月初一日顺行，小月初一日逆行，按逐月月上起初一数去，遇迁字，吉；遇颇、如、中，半吉；遇罪、失、亡，俱凶。假如正月大顺行，初一迁、吉，初二颇、如，初三罪、亡，初四失、亡，初五凶、亡，初六迁、中，初七又值迁、吉，此大月顺数也。余皆仿此。

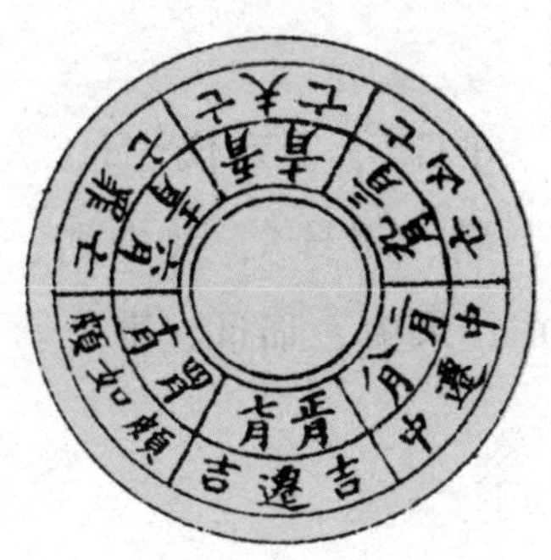

【注释】

①顺逆：即顺行和逆行。顺行，从月份所在官位按顺时针方向逐日——初一、初二、初三等数去；逆行，也是从月份所在官位数起，但是按逆时针方向逐日——初一、初二、初三等数去。

上官赴任吉日[①]

甲子、丙寅、丁卯、戊辰、己巳、庚午、乙亥、丙子、己卯、壬午、甲申、乙酉、丙戌、戊子、癸巳、己亥、庚子、壬寅、丙午、戊申、庚戌、辛亥、壬子、癸丑、庚申、辛酉。

忌建、破、平、收、满、闭[②]日。

【注释】

①上官赴任吉日：文中的从甲子至辛酉为以事择日，而从建至闭则是以事择神。

②建……闭：均属建除十二客中的神煞。

临政亲民吉日[①]

宜旺、官、民、相、守日[②]，及六仪[③]日，大吉。

忌建、破、平、收、满、闭日[④]，及上朔、九土鬼、凶败、死气、灭没、受死、休废、空亡、天吏、临日、雷公、飞流、天棒、阴私、土孛日，凶。

三奇日[⑤]：乙、丙、丁。

六仪是戊、己、庚、辛、壬、癸。

【注释】

①临政亲民吉日：这是以事择神。

②旺、官、民、相、守日：月令神煞，善神，主吉。又称旺日、官日、民日、相日、守日，都是月内视事的吉辰，宜上官赴任、临政亲民、袭爵受封等，对官事特别有利。旺，又作“王”。

③六仪：术数家语，指戊、己、庚、辛、壬、癸。奇门遁甲术中，甲隐于六仪之内，六仪与三奇分置于九宫，视“甲”之临，以占吉凶。

④建、破、平、收、满、闭日：建除十二客中的神煞。

⑤三奇日：阴阳术数家语。奇门遁甲术以十天干中的乙、丙、丁为三奇。通常认为，“天上三奇乙、丙、丁，出于贵人之干德”。又称乙为“日奇”，丙为“月奇”，丁为“星奇”。

进表上疏吉日

宜天月德、天月德合、月空、圣心、母仓、解神、定、成日[①]。

忌反支、天狱、天吏、临日、癸日[②]，及建、破、平、收、满、闭日。

反支日：

初一子丑，初六反支。初一寅卯初五反支。

初一辰巳，初四反支。初一午未初三反支。

初一申酉，初二反支。初一戌亥本日反支。

忌进表、上疏、陈词讼。

又，反支日不论大月小月，每初一日遇子丑，初六日是反支，如初一日遇寅卯，初五日是反支。下仿此。

【注释】

①天月德……定、成日：均为吉神。

②反支……癸日：均为凶煞。反支日用月朔为正，古人“恶其将尽”，故其日忌上表章。朔，农历每月初一为朔日。反支日的具体确定方法，据《后汉书·王符传》注称：“反支日，用月朔为正。戌亥朔，一日反支；申酉朔，二日反支；午未朔，三日反支；辰巳朔，四日反支；寅卯朔，五日反支；子丑朔，六日反支。”

袭爵受封吉日

甲子、丙寅、丁卯、庚午、丙子、戊寅、甲申、辛卯、癸巳、丁酉、壬午、己亥、庚子、壬寅、癸卯、辛亥、壬子、丁巳、戊午、庚申。

宜天恩、天德、天赦、岁德、月德、旺、官、民、相、守、天喜、上吉日。

忌破、平、收、闭、黑道、荒芜、伏断、灭没、受死、休废，凶败日。

应试赴举吉日

正月：乙丑、辛未、乙未、丁酉。

二月：丙寅、己卯、辛卯、壬寅、癸卯、丙申、丁巳。

三月：癸酉、庚辰、丁酉、己酉。

四月：庚辰、甲辰、壬辰、甲子、庚子。

五月：甲申、乙亥、庚辰、甲辰、丁亥。

六月：丙寅、庚寅、甲寅。

七月：辛未、丁未。

八月：丙寅、庚寅、癸巳、乙巳、丁巳。

九月：己巳、癸巳、丁酉、己卯。

十月：庚辰、庚午、甲午、壬辰。

十一月：甲子、庚子、乙巳。

十二月：甲申、丙申、辛卯、癸卯、甲子、庚子、庚午。

入学吉日

甲戌、乙亥、丙子、癸未、甲申、丁亥、庚寅、辛卯、壬辰、乙未、丙申、癸卯、甲辰、乙巳、丙午、丁未、甲寅、乙卯、丙辰、庚申、辛酉。

宜平、定、成、开[1]日。

忌闭、破[2]、先贤死葬并四废[3]日。

【注释】

①四废日：春庚申、辛酉，夏壬子、癸亥，秋甲寅、乙卯，冬丙午、丁巳。

②闭、破：均为建除十二客。

③四废：春辛酉、庚申，夏癸亥、壬子，秋乙卯、甲寅，冬丁巳、丙午，合为四废。

习学技艺吉日

宜天德、月德、天月德合、黄道、普护、福生、驿马、月空[1]，及满、成、开[2]日。

忌正四废、赤口、六不成、十恶大败、荒芜[3]、破日。

【注释】

①天德、月德……驿马、月空：月令神煞系统善神，主吉。

②满、成、开：建除十二客中神煞。

③正四废……荒芜：月令神煞系统凶煞。

冠笄[1]吉日

甲子、丙寅、丁卯、戊辰、辛未、壬申、丙子、戊寅、壬午、丙戌、辛卯、壬辰、丙申、癸卯、甲辰、乙巳、丙午、丁未、甲寅、乙卯、辛酉、壬戌。

【注释】

①冠笄：即冠礼和笄礼。冠礼，古时男子成年之礼。笄礼，古代女子成年之礼。

小儿剃头吉日

初三欢，初四富贵，初五饮食，初七大吉，初八长命，初九吉，初十职禄，十一聪明，十三大吉，十四得财，十五大吉，十六益利，十九吉庆，二十二吉，二十三大吉，二十五财福，二十六祥瑞，二十九吉祥。

忌丁火日[①]。初五日剃胎头，主儿黑；三十日剃胎头，主儿夭[②]。

【注释】

①丁火日：即干支记时中的丁日。古人将天干与五行配合，赋予天干以五行属性。即是：

木	火	土	金	水
甲乙	丙丁	戊己	庚辛	壬癸

甲木——栋梁之木　　乙木——花果之木

丙火——太阳之火　　丁火——灯烛之火

戊土——城墙之土　　己土——田园之土

庚金——斧钺之金　　辛金——首饰之金

壬水——江河之水　　癸水——雨露之水

②夭：未成年而死为夭。

小儿断乳吉日

宜伏断日，忌五月、七月。

女子穿耳吉日

宜吉日，忌月厌、血忌、血支[①]，每月十五日。

【注释】

①月厌、血忌、血支：均为凶煞。

女子缠足吉日

宜黄道、生气、天成、吉庆、活曜、要安、天德、月德，及成、收、开、闭日。

纳奴婢吉日

甲子、乙丑、丙寅、丁卯、戊辰、壬申、乙亥、戊寅、甲申、丙戌、辛卯、壬辰、癸巳、甲午、乙未、己亥、庚子、癸卯、丙午、丁未、辛亥、壬子、甲寅、乙卯、己未、辛酉。

宜成、满日。

诸葛武侯[①]选择逐年出行图

上元将军[②]所管四孟月吉凶图

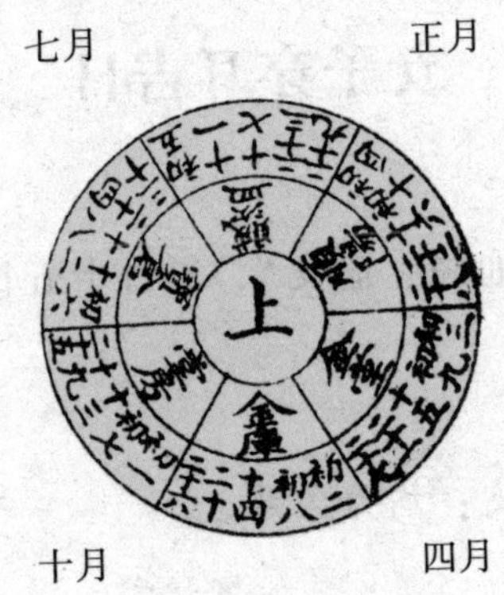

顺阳日出行者，去处通达，好人相逢，求财得意，争讼有理。

堂房日出行者，神道不在宅中，求财称意，贵人得遇，大吉。

金堂日出行者，贵人相遇，财利通达，词讼有理，此日用之，大吉。

金库日出行者，车马不成，求财反失，路逢盗贼，大有失误，大凶。

宝仓日出行者，利见大人，求财遂心，百事如意，衣锦还乡，大吉。

盗贼日出行者，百事不利，枷锁临身，人亡财散，宜回避，不可用。

中元将军所管四仲月[③]吉凶图

天盗、天贼日出行者，求财不成，纵有主失脱，官事无理，大凶。

天门日出行者，凡事遂心，所求和合，去处通达，此日用之，大吉。

天堂日出行者，所求顺遂，贵人接引，买卖亨通，诸事如意，大吉。

天财日出行者，最宜求财，必定通利，好人相逢，百事和顺，大吉。

天仓日出行者，见官得喜，财源丰盈，凡事顺利，此日用之，大吉。

天侯日出行者，吉少凶多，主有口舌是非，血光之灾，此日大凶。

天阳日出行者，求财得财，求婚得婚，此日用之，大吉。

下元将军所管四季月④吉凶图

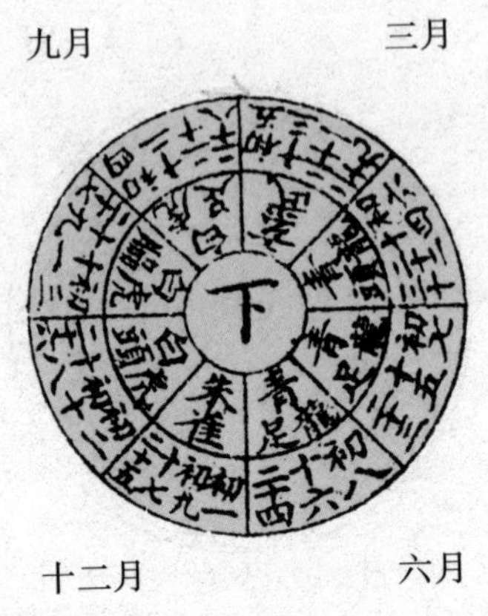

朱雀日出行者，求财不得，主反失财，见官无理，此日大凶。

白虎头日出行者，主宜远行，求财必得，去处通达，此日大吉。

白虎胁日出行者，求财如意，东西任行，南北利往，好人相逢，大吉。

白虎足日出行者，不宜远行，作事不成，求财不利，此日大凶。

玄武日出行者，主招口舌，百事不利，不可用之，此日大凶。

青龙头日出行者，宜鸡鸣时或卯时出门，求财通达，百事大吉。

青龙胁日出行者，求财遂心，凡事满意，东西南北任行，大吉。

青龙足日出行者，求财不得，见官没理，凡事不吉，不宜用此日，凶。

【注释】

①诸葛武侯：即三国蜀汉丞相诸葛亮。

②上元将军：这里是把一年分为三个单元，每季的第一个月为“上元”，第二个月为“中元”，第三个月为“下元”。将军：这里指当值的神煞。四孟月：一年四季中每季的第一个月，即正月、四月、七月、十月。

③四仲月：每季的第二个月，即二月、五月、八月、十一月。

④四季月：每季的第三个月，即三月、六月、九月、十二月。

出行通用吉日[①]

甲子、乙丑、丙寅、丁卯、庚午、辛未、甲戌、乙亥、丁丑、己卯、甲申、丙戌、庚寅、辛卯、甲午、庚子、辛丑、壬寅、癸卯、丙午、丁未、己酉、癸丑、甲寅、乙卯、庚申。

宜满、成、开日。

【注释】

①《裴晋公金锁玉环遁甲出行要诀》类此，今附于下，以供参考：

天干	地支
甲己九	子午九
乙庚八	丑未八
丙辛七	寅申七
丁壬六	卯酉六
戊癸五	辰戌五
巳亥四	

例：若甲子日卯时出行，甲与子皆九数，二九得一十八数，加卯时六数，共得二十四数，课吉；若此日午时出行，午九数，得二十七数，课凶。余仿此。论干支时只论地支，不论天干。

十三数吉

十三遁甲见阴阳，西方乾宫老妇娘。

手执棉布将小女，此时有应主亨昌。

作事出门，推合阴阳，营谋嫁娶，起造营昌。

子孙官贵，禄遇时良。

十四数凶

遁甲俱十四，东北有人至。白马或青驴，弓箭身穿紫。

有人着紫，或是皂衣，前有大坑，后有白虎；

凶恶相及，不宜嫁娶，休去远行，凡事难遇。

十五数吉

南方有少女，牵牛抱婴孩。东方车与马，更有男赶来。

日月在前，光明丽天，驷马时从，万事皆好；非但殡葬，亦宜修造。

十六数吉

东北有禽蜚，西北白色衣。老人持杖橛，脱却西黄衣。

出遇财珍，兼逢酒食，营谋起造，必遇贵人；交易婚姻，得宜获福。

十七数凶

西方风雨云，东方孝服子。两个驾车人，十七必逢是。

死尸在前，病符在后，营谋嫁娶，所求灾咎；若遇此时，不获良久。

十八数吉

南方有少妇，犬子或青驴。东主忽见行，克应必无疑。

不宜嫁娶，万事吉昌，若遇此时，必要升官。

十九数凶

鸦鹊并弓弩，铜铁东方舞。更有着白衣，西方唤驴狗。

俱是凶兆，不是吉祥，故难动用，守静为良。

二十数凶

北方有人驴，乾坤僧道尼。屠赶猪羊去，诸凶必应之。

前有津梁，后有猪羊，若遇此时，万事俱殃。

二十一数吉

东方有孝子，更与妇人逢。老人持杖板，西北应乾宫。

此时所游，青云上盖，百事吉昌，不敢移改。

二十二数吉

求乞持杖子，西方鼓笛声。坤兑应更奇，提笼有妇人。

乘车驾马，携酒相看，万事皆吉，必遇平安。

二十三数凶

男妇携宝剑，南方执铁瓶。文字并猪羊，毁骂并迎门。

万事重叠，难于远行，动则遇侵，静则安宁。

二十四数吉

南方送福仙，少妇手持钱。兑宫羊又至，物色黑青缠。

飞鸟在前，玉士在后，利见长官，嫁娶无咎。

二十五数吉

驴子共猿猕，南方有妇人。西方老人至，克应最为灵。

见四足物，百事称心，出逢长者，更遇知音。

二十六数吉

北方公文行，南方小儿啼。

以上诸时，此时最吉，但试其事，万无一失。

二十七数凶

白马共紫驴，西方一骑出。东方逢贵人，冠缨来应必。

以上诸数，此数最恶，先贤详看，明应不错。

每日出行，欲占吉凶，如法起数，其妙无穷，趋吉避凶，百发百中，人能用此，喜气冲冲。

出行诀法

如正月用子午日。余仿此。巳日各月俱忌。

出行正子午，二申丑未良，
三月寅申吉，四子卯为长，
五月寅申午，七月申最强，
八未申酉亥，九子午吉祥，
十月子亥酉，十一子寅昌，
六未十二亥，每月巳宜防。

逐月出行吉凶日

黄道日吉，宜出行。黑道日凶，不宜出行。

建满平收[1]黑，除危定执黄；
成开皆可用，闭破不相当。

【注释】

①建满平收：建、满、平、收与下面的除、危、定、执、成、开、闭、破均为建除十二客中的神煞。建除十二客又称“十二直”。最初是象征十二辰，关涉月的吉凶，后来又转化为日的吉凶。关于它们的由来，《协纪辨方书》做过这样的解释：“建”乃一月之主，所以从“建”起意。“建”之后为“除”，“除旧布新”。由一而生二，二而生三，三

为数之极，所以叫“满”。满则必溢，溢则平，故“满”后为“平”。平则定，定则可执，所以相继为“定”、为“执”。执是守成之意，而事物无成则不毁，所以继之以“破”。破则知危，知危则事能成，事成则必有收获，所以“破”之后为“危”、为“成”、为“收”。由“建”至“收”，数恰为十，十为极数，然数无终极之理，势必要“开”。开不可太过，须加约束，受之以“闭”。“唯其能闭，故复能建”，周而复始。按旧时说法，十二直就是十二位神祇，各有吉凶。具体情况如下。

建　此日一般主吉，但修建动土之事不宜做。

除　此日“除旧布新”，大吉，很少不宜之事。

满　此日只宜祭祀、祈愿，其他均不吉利，特别是上官赴任、婚姻嫁娶等，不宜取用。

平　此日万事皆吉。

定　此日宜宴饮、协议，忌医疗、诉讼及选将出师。

执　此日宜新建、种莳、捕捉，忌移居、出行、开布等。

破　此日万事不利，只能做破垣坏屋之事。

危　此日万事皆凶。

成　此日宜开业入学、婚姻嫁娶、上官赴任等，但不利诉讼。

收　此日有利于收获之事，开始的事业则不利，忌出行、葬礼。

开　此日百事皆吉，但破土安葬等则凶。

闭　此日万事皆凶，但修筑堤防之类的事则吉。

出行十二时吉凶方向

子：东北凶，西南吉；　　午：北吉，余凶；

丑：东南凶，西北吉；　　未：西北吉，东南凶；

寅：四方吉；　　申：北凶，余吉；

卯：南吉，余凶；　　酉：四方吉；

辰：北吉，余凶；　　戌：西北吉，东南凶；

巳：东北凶，西南吉；　　亥：四方吉。

《碧玉经》出行忌日

初一：忌西行。

初八：南方忌。

十五：东行凶。

月晦[①]：北不利。

【注释】

①月晦：农历每月的最后一日。

四离四绝日[①]

四离日

春分，秋分，夏至，冬至，俱前一日。

四绝日

立春，立夏，立秋，立冬，俱前一日。

忌行军、出行、上官赴任、嫁娶、进人口、迁移。

【注释】

①四离四绝：二十四节气中的春分、秋分、夏至、冬至的前一日为“四离日”。“四离日”是把一季二分的日子，古人崇尚相和相补，所以它们被认为是吉日。二十四节气中的立春、立夏、立秋、立冬的前一日

为“四绝日”。“四离”为四季之始，“四绝”为四季之终，古人忌讳穷尽，崇尚发展，所以认为“四绝”不吉。

四顺四逆日

四顺日[①]

建宜行，成宜离，寅宜往，卯宜归。出行吉。

四逆日[②]

申不行，酉不离，七不往，八不归。出行忌。

【注释】

①四顺日：即建日、成日和寅日、卯日。
②四逆日：即申日、酉日和农历每月的初七日、初八日。

天翻地覆[①]时

忌行军、出行、修造舟楫。
正月巳亥时，二月辰戌时，
三月申酉时，四月巳申时，
五月丑卯时，六月子午时，
七月酉亥时，八月辰戌时，
九月卯酉时，十月辰午时，
十一月寅未时，十二月卯巳时。

【注释】

①天翻地覆：六十甲子日逐日十二时在以上时辰是凶煞当值，不吉，尤忌行军、出行等事。

出行紧急用四纵五横法①

出行紧急，不暇择日，当作四纵五横法。

正身，齐足，立于门内，叩齿三十六通，以右手大拇指先画四纵，后画五横。画毕，咒曰：

“四纵五横，吾今出行，禹王②卫道，蚩尤③避兵，盗贼不得起，虎狼不得侵，行远归故乡。当吾者死，背吾者亡，急急如九天玄女④律令。”

咒毕便行，慎勿反顾。

每出行，将咒念七遍，画地，却以土块压之，自然吉矣。

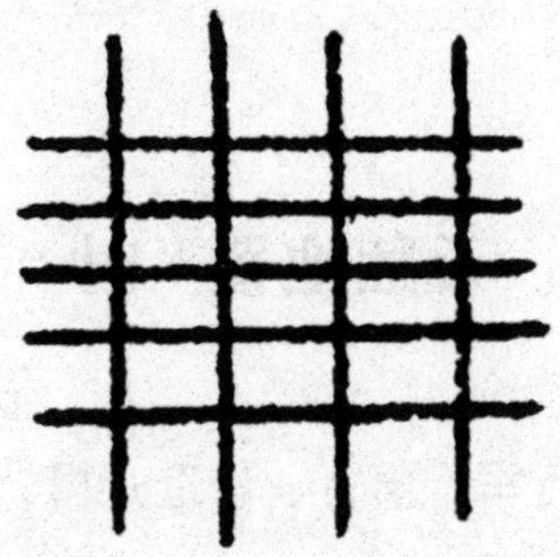

【注释】

①四纵五横法：这是一种“诸事不宜”的权变之法。这里所谓“诸事不宜”，指当日凶煞压过吉神，吉不胜凶。而所谓“权变之法”，是指遇有紧急之事，不能等待吉日到来，就权且选择一个吉时去做事。

②禹王：即禹（生卒年不详），姒姓，夏后氏，名文命，上古时期夏后氏首领，夏朝开国君王，历史治水名人，史称大禹、帝禹、神禹。

③蚩尤：传说中制造兵器的人，又传为主兵之神，与黄帝、炎帝并称“中华三祖”。

④九天玄女：又称“九天女”“元（玄）女”“九天娘娘”。本为上古神话中的人物，人首鸟身，是位半人半禽女神，后来成为道教供奉的神仙，被尊为“元君”（道教对女仙的尊称）。

商贾兴贩吉日

己卯、丙戌、壬寅、丁未、己酉、甲寅。

宜成、开日。

行船吉日（附：忌日）

甲子、丙寅、丁卯、戊辰、己巳、辛未、戊寅、壬午、乙酉、戊子、辛卯、癸巳、甲午、乙未、庚子、辛丑、壬寅、癸卯、丙辰、戊午、己未、辛酉。

宜成、开、满日。

附：忌日

忌灭没日、水痕日、破日。

大月：初一、初七、十一、十七、二十三、三十。

小月：初二、初七、十二、二十六。

许真君传授龙神会日

忌行船。

正月：初三、初八、十一、二十五，月尽，龙会。

二月：初三、初九、十二，月尽，龙神朝上帝。

三月：初三、初七、二十七，龙神朝星斗。

四月：初八、十二、十七、十九，龙会太白。

五月：初五、十一、二十九，天地龙王朝玉皇。

六月：初九、二十七，地神龙王朝玉帝。

七月：初七、初九、十五、二十七，神杀交会。

八月：初三、初八、二十七，龙神交会。

九月：初八、十五、十七，龙神朝玉皇。

十月：初八、十五、二十七，东府君朝玉皇。

开张店肆吉日

与开仓、入仓、出宝、藏宝日同用，宜成、满、开日。

甲子、乙丑、丙寅、己巳、庚午、辛未、甲戌、乙亥、丙子、乙卯、壬午、癸未、甲申、庚寅、辛卯、乙未、己亥、庚子、癸卯、丙午、壬子、甲寅、乙卯、己未、庚申、辛酉。

立契交易吉日

辛未、丙子、丁丑、壬午、癸未、甲申、辛卯、乙未、壬辰、庚子、戊申、壬子、癸卯、丁未、乙未、甲寅、乙卯、辛酉。

宜天德、月德、执、成日。

忌长短星。

入宅移居吉日

甲子、乙丑、丙寅、戊辰、庚午、丁丑、戊寅、乙酉、庚寅、壬辰、癸巳、乙未、壬寅、癸卯、甲辰、丙午、辛亥、癸丑、丙辰、丁巳、壬戌。

买田地房屋吉日

辛未、丙子、丁丑、壬午、癸未、甲申、辛卯、壬辰、乙未、庚子、癸卯、丁未、戊申、壬子、甲寅、乙卯、己未、辛酉。

宜定、成日。

出财放债与纳财收债吉日

出财放债吉日

丁丑、乙酉、庚辰、辛亥、乙卯、辛酉、庚午、己巳。
宜成、满日，大利。
忌破日。

纳财收债吉日

乙丑、丙寅、壬午、庚寅、庚子、乙巳、丙午、甲寅、辛酉。
宜天月德、收、满日。

五谷入仓吉日

庚午、己卯、辛巳、壬午、癸未、乙酉、己丑、庚寅、癸卯。
宜天月德、平、满、收日。

分家产吉日

宜天贵、天财、天富、地财、月财、禄库[①]日。
忌天贼、伏断、灭没[②]日。
正月：己卯、壬午、癸卯、丙午。
二月：己酉、辛未、癸未、乙未、己亥、己未。

三月：甲子、乙卯、辛卯、庚子、癸卯。

四月：乙丑、庚午、壬午、辛亥、己卯、癸卯。

五月：辛未、丙辰、己未、甲辰、戊辰。

六月：乙亥、己卯、辛卯、己亥、癸卯。

七月：丙辰、戊辰、庚辰、壬辰。

八月：乙丑、乙巳、甲戌、乙亥、庚申。

九月：庚午、壬午、丙午、辛酉。

十月：甲子、丙子、戊子、庚子。

十一月：乙丑、乙亥、丁丑、己丑、癸丑。

十二月：辛卯、癸卯、庚申、乙卯、壬申。

【注释】

①天贵……禄库：均为吉神。

②天贼……灭没：均为凶煞。

大明吉日

此二十一日，乃天地开通，太阳所照之辰，百事用之大吉。

辛未、壬申、癸酉、丁丑、乙卯、壬午、甲申、丁亥、壬辰、乙未、壬寅、甲辰、乙巳、丙午、己酉、庚戌、辛亥、丙辰、己未、庚申、辛酉。

大偷修日①

此八日，凶神朝天，修造大吉。

壬子、癸丑、丙辰、丁巳、戊午、己未、庚申、辛酉。

【注释】

①大偷修日：日神类神煞。这八日凶神去朝见天帝了，可以趁机大行修建营造之事。

起造吉日

己巳、辛未、甲戌、乙亥、乙酉、壬子、乙卯、己未、庚申。

宜成、开日。

盖屋吉日

甲子、戊子、壬子、乙巳、辛丑、甲寅、戊寅、庚寅、己卯、癸卯、甲辰、戊辰、己巳、癸巳、癸未、乙未、乙亥、甲申、戊申、癸酉、乙酉、己亥、辛亥。

动土开基吉日

甲子、癸酉、戊寅、己卯、庚辰、辛巳、甲申、丙戌、甲午、丙申、戊戌、己亥、庚子、甲辰、癸丑。

宜天德、月德、月空、天恩、黄道[①]，及除、定、执、成、开[②]日。

忌土瘟、土府、土忌、天贼、月建与天地转杀、九土鬼[③]与建、破、平、收日。同前凶。

癸未、乙未、土公葬日[④]忌动土，戊午日、黄帝[⑤]死日忌动土，犯之大凶。

【注释】

①天德、月德、月空、天恩、黄道：月令神煞系统善神，这些神祇一般都能给人带来吉祥和顺遂。

②除、定、执、成、开：建除十二客中神煞，详见前注。

③土瘟……九土鬼：月令神煞系统凶神。

④土公葬日：即土地爷死葬日。

⑤黄帝：上古传说中人物。相传他有神仙之术，百余岁得与神通，后得道升天。黄帝是中国古代部落联盟首领，五帝之首。黄帝被尊祀为“人文初祖”。

平基吉日

甲子、乙丑、丁卯、戊辰、庚午、辛未、己卯、辛巳、甲申、乙未、丁酉、己亥、丙午、丁未、壬子、癸丑、甲寅、乙卯、庚申、辛酉。

宜忌同前。筑墙宜伏断日、闭日，吉。

起工架马吉日

己巳、辛未、甲戌、乙亥、戊寅、己卯、壬午、甲申、乙酉、戊子、庚寅、乙未、己亥、壬寅、癸卯、丙午、戊申、己酉、壬子、乙卯、己未、庚申、辛酉。

宜天德、月德、月空、三奇、帝星诸吉神。

忌正四废[1]、天地贼、火星、月破、荒芜、四绝、灭没、赤口、大小空亡、斧头杀、木马杀、刀砧杀、凶败日。

【注释】

①四废：春辛酉、庚申，夏癸亥、壬子，秋乙卯、甲寅，冬丁巳、丙午，合为“四废”，和以下诸星辰均为凶煞。

定磉[1] 扇架吉日

甲子、乙丑、丙寅、戊辰、己巳、庚午、辛未、甲戌、己亥、戊寅、己卯、辛巳、壬午、癸未、甲申、丁亥、戊子、己丑、庚寅、癸巳、乙未、丁酉、戊戌、己亥、庚子、壬寅、癸卯、丙午、戊申、己酉、壬子、癸丑、甲寅、乙卯、丙辰、丁巳、己未、庚申、辛酉。

宜天月德、天月德合、天福、天富、天喜、天恩、月恩，及满、平、成、闭日，吉。

忌四正废、天地贼、天地火日。

【注释】

①磉：柱子底下的石礅。

竖柱吉日

丙寅、辛巳、戊申、己亥。

又宜寅、申、巳、亥为四柱日[1]。

【注释】

①四柱日：术数家称寅日、申日、巳日、亥日为四柱日。

上梁吉日

甲子、乙丑、丁卯、戊辰、己巳、庚午、辛未、壬申、甲戌、丙子、戊寅、庚辰、壬午、甲申、丙戌、戊子、庚寅、甲午、丙申、丁酉、戊戌、己亥、庚子、辛丑、壬寅、癸卯、乙巳、丁未、己酉、丁巳、辛亥、癸丑、乙卯、己未、辛酉、癸亥。

宜忌与“定磉”同。若竖柱、上梁同日，则不必再择日。

门光星吉日（附：作门忌）

庚寅日、门大夫[①]死日忌。

大月：初一、初二、初三、初七、初八、十一、十三、十四、十八、十九、二十、二十四、二十五、二十九、三十。

小月：初一、初二、初六、初七、十一、十二、十三、十七、十八、十九、二十三、二十四、二十八、二十九。

附：作门忌[②]

春不作东门，夏不作南门，秋不作西门，冬不作北门。

【注释】

①门大夫：即门神。

②作门忌：这些忌讳其实和中国的地理位置、季节变化以及由季节变化引起的天气变化有关。

造仓库吉日（附：修仓库吉日）

春季：己巳、丁巳、丁未。
夏季：己巳、甲午。
秋季：乙亥、壬午。
冬季：辛未、庚寅、壬辰、乙未、乙亥、丙辰。
宜成、开日。

附：修仓库吉日

甲子、乙丑、丙寅、丁卯、壬午、甲午、乙未。
宜满日。

修作厨房吉日

丙寅、己巳、辛未、戊寅、己卯、甲申、乙酉、壬子、甲寅、乙卯、己未、庚申。
宜成、开日。

作灶吉日

宜向西南，吉；东北，凶。

甲子、乙丑、己巳、庚午、辛未、癸酉、甲戌、乙亥、癸未、甲申、壬辰、乙未、辛亥、癸丑、甲寅、乙卯、乙未、庚申。

正、二月：戌、丑日。

三、四月：子、卯日。

五、六月：寅、巳日。

七、八月：辰、未日。

九、十月：午、酉日。

十一、十二月：申、亥日。

祈祀灶神吉日

丁卯、壬申、癸酉、甲戌、乙亥、己卯、庚辰、甲申、乙酉、丁亥、己丑、丁酉、癸卯、甲辰、丙午、己酉、辛亥、癸丑、乙卯、辛酉、癸亥。

宜除、成、开日，每月六癸日，二、八月社日①。

【注释】

①社日：旧时祭祀社神（土神）日。一年有春秋两次，一般以立春后第五个戊日为春社日，以立秋后第五个戊日为秋社日。

安床吉日

甲子、乙丑、丙寅、丁卯、己巳、庚午、辛未、甲戌、丙子、丁丑、庚辰、辛巳、乙酉、丙戌、丁亥、戊子、癸巳、丁酉、戊戌、己亥、庚子、壬寅、癸卯、甲辰、乙巳、丙午、甲寅、乙卯、丙辰、丁巳、戊午、己未、辛酉、壬戌。

宜开、危日。

忌建、破、平、收日，及申日。

造床忌宿[1]歌

安床并忌。

心昴奎娄箕尾参，危宿逢之总不安。

造床若犯此星宿，十个孩儿九个亡。

【注释】

①忌宿：这里的忌宿即文中的心、昴、奎等八宿，均为二十八宿中的星宿。

合帐裁衣吉日

甲子、乙丑、戊辰、己巳、癸酉、甲戌、丙子、丁丑、己卯、丙戌、丁亥、戊子、己丑、庚寅、壬辰、癸巳、甲午、乙未、丙申、戊戌、庚子、辛丑、癸卯、甲辰、乙巳、癸丑、甲寅、乙卯、丙辰、戊申、辛酉、壬戌。

合帐：喜房、箕、斗宿日。裁衣：喜成、开日，忌天贼、火星、长短星。

角安稳，亢得食，房益衣，斗美味，牛进喜，虚得粮，壁获宝，奎得财，娄增寿，鬼吉祥，张逢欢，翼得财，轸长久。

安机经络吉日

甲子、乙丑、丁卯、癸酉、甲戌、丁丑、己卯、癸未、甲申、辛巳、壬申、丁亥、戊子、己丑、壬辰、癸巳、甲午、丙申、丁酉、戊戌、己亥、壬寅、甲辰、乙巳、辛亥、壬子、癸丑、甲寅、丙辰。

宜平、定、满、成、开日。

写真①画像吉日

甲子、丙寅、丁卯、戊辰、己巳、乙丑、辛巳、壬午、癸未、庚寅、辛卯、壬辰、癸巳、己亥、庚子、辛丑、乙巳、丁巳、甲申、庚申、壬寅、癸卯。

宜天月德、天恩、天福、福生、福厚、要安、圣心、天瑞、生气、阴德、益后、续世②日。

忌天瘟、受死、独火、四废、勾绞、神隔③及建、破日。

【注释】

①写真：即画像。古人把画像看得很神圣、很神秘，认为关系着人的运气，甚至生死，所以一定要择吉日而行。

②天月德……续世：月令神煞系统善神。

③天瘟……神隔：月令神煞系统凶煞。

彩画绳墨吉日

宜天月德、天月德合、天月恩、天福、天喜、显星、黄道、上吉，及成、开日。

忌火星、天火、地火、独火，凶。

起缸作染吉日

宜黄道、天月德、天月德合、天月恩、显星、上吉、益后、续世、生气、福生、母仓、天地正转，及除、成、定、危、开、闭日。

忌河魁、天贼、地贼、天瘟、月厌、火星、死气、正四废、天休废、空亡、灭没、伏断、荒芜、月破日。

合寿木开生坟吉日

宜大小空亡、正四废、傍四废、通天窍[1]日，吉。

忌天瘟、重丧、受死、月建、转杀[2]、木呼[3]、木髓及建、破日，凶。

	正	二	三	四	五	六	七	八	九	十	十一	十二
木呼杀	壬申	庚子	戊辰 戊申	庚戌 丙戌	丁亥 己巳	己未 己卯	乙未 庚申	辛酉	壬戌	丁巳	癸未 己酉	乙丑 己丑
木髓杀	辰 申	寅 子	申 戌	卯 申	午 酉	申 辰	巳 酉	丑 酉	寅 亥	卯 亥	午 酉	未 辰

【注释】

①通天窍：日辰类星煞。《通书》认为，通天窍所在之方，凡修造埋葬、开山立向，不问太岁、三煞、官符、大将军诸凶煞，并能镇之。

②天瘟、重丧、受死、月建、转杀：日神系统凶煞。

③木呼：即下文木呼杀。杀，同“煞”，日神系统凶煞。下文木呼杀右边排列的是它当值的月份和日辰。

修造舟楫吉日

宜天恩、月恩、天月德合、要安、月财，平、定、成日。

忌风波、白浪、河伯、张宿、咸池、水痕、触水龙[1]日、大恶时及天翻地覆时[2]。

造船起工与修造起工日同。合底、起廒、安梁头与竖柱、上梁日同。

船开头，忌天贼、地贼、火星、伏断、正四废、执、破、灭没、受死日。

盖船篷与盖屋日同。忌天火、天贼、八风、破日。

舱船宜伏断、收、闭日。忌执、破日。

新船下水与出行日同。宜、忌与修造日同，申日不宜。

凶日	年	子	丑	寅	卯	辰	巳	午	未	申	酉	戌	亥
风波	即太岁	子	丑	寅	卯	辰	巳	午	未	申	酉	戌	亥
河伯	主湿润	亥	子	丑	寅	卯	辰	巳	午	未	申	酉	戌
凶日	月	正	二	三	四	五	六	七	八	九	十	十一	十二
白波		寅	卯	辰	巳	午	未	申	酉	戌	亥	子	丑
咸池		卯	子	酉	午	卯	子	酉	午	卯	子	酉	午

（续表）

<table>
<tr><td>大恶时</td><td>即时建</td><td>寅</td><td>卯</td><td>辰</td><td>巳</td><td>午</td><td>未</td><td>申</td><td>酉</td><td>戌</td><td>亥</td><td>子</td><td>丑</td></tr>
<tr><td>水痕忌</td><td>兼忌造酒合酱</td><td colspan="12">大月：初一、初七、十一、十七、二十三、三十
小月：初三、初十、十三、二十六</td></tr>
<tr><td>触水龙</td><td></td><td colspan="12">丙子、癸未、癸丑。忌行船</td></tr>
<tr><td>八风</td><td></td><td colspan="12">丁丑、己丑、甲申、甲辰、辛未、丁未、甲寅、甲戌</td></tr>
<tr><td>《海角经》</td><td></td><td colspan="12">氐、尾、箕、斗、危、娄、胃、昴、毕、张、轸，大吉。室、牛、房、参、井，小吉</td></tr>
</table>

【注释】

①风波……触水龙：干支五行神煞系统凶煞。

②大恶时及天翻地覆时：时神类凶煞。表中“触水龙”“八风”“海角经”之后的文字，都是对它们的具体说明。

入山伐木吉日

己巳、庚午、辛未、壬申、甲戌、乙亥、戊寅、己卯、壬午、甲申、乙酉、戊子、甲午、乙未、丙申、壬寅、丙午、丁未、戊申、己酉、甲寅、乙卯、己未、庚申、辛酉。

宜黄道、明星、天月德及成、定、开日，吉。

忌天贼、火星、正四废、赤口。

伐松木：宜晴天，去皮，入水浸久后，不生白蚁，宜七月辰日。

伐竹：宜三伏日及腊月，亦宜天晴，当昼伐之，不蛀。

耕种吉日

甲子、乙丑、丁卯、己巳、庚午、辛未、癸酉、乙亥、丙子、丁丑、戊寅、己卯、辛巳、壬午、癸未、甲申、乙酉、丙戌、己丑、辛卯、壬辰、癸巳、甲午、乙未、丙申、戊戌、己亥、庚子、辛丑、壬寅、癸卯、甲辰、丙午、戊申、己酉、癸丑、甲寅、丙辰、丁巳、戊午、己未、庚申、辛酉、癸亥。

浸谷吉日

甲戌、乙亥、壬午、乙酉、壬辰、乙卯。

下秧吉日

辛未、癸酉、壬午、庚寅、甲午、甲辰、乙巳、丙午、丁未、戊申、己酉、乙卯、辛酉。

栽禾吉日

庚午、壬申、癸酉、己卯、辛巳、壬午、癸未、甲午、癸卯、甲辰、己酉。

宜收、开日。

割禾吉日

庚午、壬申、癸酉、己卯、辛巳、壬午、癸未、甲午、癸卯、甲辰、己酉。

宜收、成、开日。

开凿池塘吉日

甲子、乙丑、甲申、壬午、庚子、辛丑、辛亥、癸巳、癸丑、辛酉、戊戌、乙巳、丁巳、癸亥。

宜成、开日。

忌魁罡、死气、土瘟、天百空凶日。天百空亡日：初五、初七、十三、十六、十七、十九、二十一、二十七、二十九。

天狗[1] 守塘吉日

春兔夏马[2]良，秋鸡冬鼠[2]藏，
有人会得此，獭耗不来塘。

【注释】

①天狗：日神系统凶煞。

②春兔夏马：兔指卯日，马指午日。

③秋鸡冬鼠：鸡指酉日，鼠指子日。

安碓磨吉日

甲戌、乙丑、庚申、庚寅、辛酉、庚子、庚午。

穿井修井吉日

穿井吉日

甲子、乙丑、甲午、庚子、辛丑、壬寅、乙巳、辛亥、辛酉、癸酉。

修井吉日

庚子、辛丑、甲申、癸丑、乙巳、丁巳、辛亥。

开沟吉日

甲子、乙丑、辛未、己卯、庚辰、丙戌、戊申。
宜开、平日。

作厕吉日

丙子、丙寅、戊辰、丙申、庚子、壬子、丙辰，为天聋日，百事吉。

乙丑、丁卯、己卯、辛巳、乙未、丁酉、己亥、辛丑、辛亥、癸丑、辛酉，为地哑日，百事吉。

宜伏断、闭日。

谢土吉日

庚午、丁丑、甲申、癸巳、庚子、丁未、甲寅、癸亥。

禳造作魇昧[①]法

曜仙曰：凡梓人造房、瓦人覆瓦、石人甃砌[②]、五墨绘饰，皆有魇镇诅咒。其建造之初，必先祭告方隅、土木等神。其祭文曰：

"兹者建造屋宇，其土木、泥石、绘画之人，所有魇镇咒诅，不出百日，乃使自受其殃。预先盟于群灵，则灾祸无干于我，使彼自受，而我家宅宁矣。"

造船者亦依此例。

如梓人，最忌倒用木植，必取生气，根下而梢上。其魇者，倒用木植，使人家不能长进，作事颠倒。解法：以斧头击其木，曰："倒好倒好，住此宅内，世世温饱。"

有造前梁，临上乃移为后梁。魇者曰："前梁调后梁，必定先死娘。"卯眼内放竹楔者，魇曰："卯眼放竹，不动自哭。"使人家屋内，常有哭声。

有刻一木人，写咒于身，以钉钉于屋上，钉眼令瞎，钉耳令聋，钉口令哑，钉心令心有疾，钉门使房主不得在家，令出门，不得安居屋内。

如钉床，以竹钉十字钉之，或画人形纸符于内，使卧床之人疾病不安。此梓人魇镇之法。

如瓦匠所魇，有令脊中安土人、船、伞之类，或壁中置一匙一箸，曰："只许住一时。"其家必破。

如甃砌，门限阶基之下，用荷叶包饭于下，以箸十字安在上，令人有呕噎之疾。

有砌灶用木人，以马尾吊烟囱中，火气熏之，则木人相撞，令夫妇相打。或有以瓦刀朝寝处或向厅堂，使有刀兵相杀。

石匠凿人形置磉下，又，画匠绘画梁栋，皆有魇咒，不可不知。

凡梓人造作魇镇诅咒者，必以墨签插在首，令他不插，则不灵矣。

人家造屋完成，用水一盆，令本家男女各执柳枝，蘸水绕屋洒之，咒曰："木郎木郎，速去他方，作者自受，为者自当，所有魇魅与我无干。急急如太上律令敕！"如此，遍屋洒咒，则无患矣。

【注释】

①魇昧：旧时迷信，用祈祷鬼神或暗中诅咒来害人的一种巫术。又作"厌魅"。

②梓人：木工。瓦人：泥瓦匠。石人：石匠。甃砌：修砌。

求医治病吉日

己酉、丙辰、壬辰。

宜天医、生气、普护、要安、神在，及执、除、成、开日。

合药服药吉日

合药吉日

戊辰、己巳、庚午、壬申、乙亥、戊寅、甲申、丙戌、辛卯、丙午、辛亥、乙未、己未。

宜除、破、开日。

服药吉日

乙丑、壬申、癸酉、乙亥、丙子、丁丑、壬申、甲申、丙戌、己丑、壬辰、癸巳、甲午、丙申、丁酉、戊戌、己亥、庚子、辛丑、戊申、己酉、癸酉。

宜除、破、开日。

男忌除，女忌收。又忌未日、满日。

逐月斩草破土吉日

正月：丁卯、庚午、壬午。

二月：庚午、壬午、甲午、丙午。

三月：壬申、甲申。

四月：甲子、乙丑、丁卯、庚午、庚辰、壬午、辛卯、壬辰、庚子、癸卯、甲辰、癸丑。

五月：壬寅、癸卯、甲寅。

六月：丁卯、壬申、甲申、辛卯、丙申、癸卯、乙卯。

七月：甲子、丁卯、己卯、壬午、辛卯、壬辰、癸卯、甲辰、丙午、乙卯。

八月：乙丑、壬辰、甲辰、癸丑。

九月：丁卯、庚午、壬午、辛卯、癸卯、丙午、乙卯。

十月：甲子、丁卯、庚午、辛未、丙午、乙卯。

十一月：戊辰、己巳、壬申、甲申、乙未、丙申。

十二月：壬申、甲申、丙申、壬寅、甲寅、戊申。

吉宿：房、尾、斗、室、壁、胃、毕、鬼、张、轸。余宿不利。

忌天瘟、土瘟、重丧、重复、天贼、地破、四时大墓、阴阳错、重日①。

【注释】

①天瘟……重日：时神类凶煞。

安葬吉日

壬申、癸酉、壬午、甲申、乙酉、丙申、丁酉、壬寅、丙午、己酉、庚申、辛酉。此十二日乃大葬日，上吉。

庚午、壬辰、甲辰、乙巳、甲寅、丙辰、庚寅。此七日乃小葬日，次吉。

忌重丧、重复、天贼、天罡、河魁、阴错、阳错、土禁。

逐月安葬吉日（附：葬日周堂图）

正月：癸酉、丁酉、己酉。外丙寅、壬午、乙酉、壬寅、丙午、辛酉。

二月：丙寅、壬申、甲申、庚寅、丙申、壬寅、己未、庚申。

三月：壬申、癸酉、壬午、甲申、乙酉、丙申、丁酉、丙午、庚申、辛酉。

四月：癸酉、壬午、乙酉、丁酉、己酉、辛酉。

五月：壬申、甲申、庚寅、丙申、壬寅、甲寅、庚寅。寅日宜葬，忌开金井。

六月：壬申、癸酉、甲申、乙酉、庚寅、丙申、壬寅、甲寅、庚申、辛酉。

七月：癸酉、乙酉、丁酉、己酉。外壬申、丙子、甲申、壬辰、丙申、壬子、丙辰。

八月：壬申、甲申、庚寅、壬辰、丙申、壬寅、丙辰、庚申、乙巳、丁巳。

九月：丙寅、壬午、庚寅、壬寅、丙午。

十月：庚午、丙子、甲辰、丙午、丙辰。

十一月：壬申、甲申、庚寅、丙申、壬寅、甲辰、甲寅、庚申、壬子。申日宜葬，忌开金井。

十二月：壬申、癸酉、甲申、乙酉、丙申、壬寅、甲寅、庚申、壬子。申日宜葬，忌开金井。

逐月安葬，忌魁罡、勾绞、重丧、重复、八座、冰消、阴阳错及建、破、收日。

附：葬日周堂图

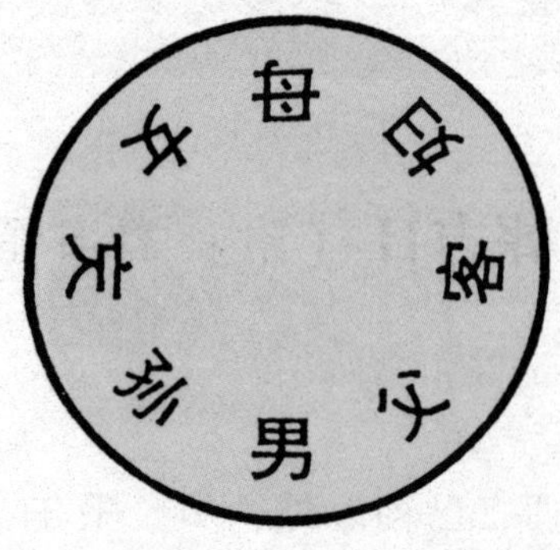

其图只论月分大小，不论节气。大月初一，从“父”向“男”顺数。小月初一，从“母”向“女”逆数，一日一位数。值“亡人”则吉；如值人[①]，则出外少避，惟停丧在外，则不论。

【注释】

①值人：这里指亡人以外的活人。

大明大空天光星

太阳与太阴会合，以为合朔，临到本山，大明大空，大宜修造、迁坟、动土，不拘三杀、巡山罗睺、铁扫帚、剑锋、官符、六十九辰、一百二十禁忌，神杀诸般空亡、恶煞尽皆四避，潜藏拱伏。主添人进口、田宅、奴婢、畜蚕，五谷丰收，家门安泰，加官进职，儒士登科，富贵荣华。若修寿山，主寿命延长，大致福禄，无所不利。

正月：析木寅[①]，日月合朔在壬亥二山；

二月：大火卯，日月合朔在乾戌二山；

三月：寿星辰，日月合朔在辛酉二山；

四月：鹑尾巳，日月合朔在庚申二山；

五月：鹑火午，日月合朔在坤未二山；

六月：鹑首未，日月合朔在丁午二山；

七月：实沈申，日月合朔在丙巳二山；

八月：大梁酉，日月合朔在巽辰二山；

九月：降娄戌，日月合朔在乙卯二山；

十月：娵訾亥，日月合朔在甲寅二山；

十一月：玄枵子，日月合朔在艮丑二山；

十二月：星纪丑，日月合朔在癸子二山。

诗曰：

动山明天星，修造鬼神惊。

有缘方遇此，千金莫示人。

太阳乃星中天子，万宿之祖，诸吉之先，五更初出，诸星皆没，至尊极贵。吉曜遇之，增助光辉；凶星逢之，拱手敛伏。专论坐山照向、坐向照山、坐方照方，三合相照，极为有力。如大寒后四日入子女[②]二度，虽出子方到癸，则对照午丁皆可禀光。若三合到子，则申辰二方得光。若到癸则巽庚二方亦有余辉矣，主添丁、旺财、进产、加官，无所不利。

【注释】

①析木寅：古人为了说明日月五星的运行和节气的变换，把黄道附近一周按照由西向东的方向分为十二等份，并给每一等份取一名称，如星纪、玄枵等。古人又把一天分为十二等份，此即十二辰，并用十二支分别称之，如子时、丑时等。在太岁纪年法中，古人把十二次由东向西配以十二辰，其安排的方向和顺序正好和十二支相反。二者的配合如下表。

十二次 (由西向东)	星玄娵降大实鹑鹑鹑寿大析 纪枵訾娄梁沈首火尾星火木
十二辰 (由东向西)	丑子亥戌酉申未午巳辰卯寅

②子女：子辰和女宿。

安葬从权[①]法

择大寒节五日后、立春节之前，乃新旧岁官交承之时，先择日破土，又择吉日安葬，如开山立向，不忌年月日时克山家，更不忌太岁月家诸凶神杀，就立春前谢墓，或于来年寒食节后清明节内，用人夫工匠，尽一日之内，加土谢墓，则无禁忌。

设从权之法：如遇贫乏之家，或死于四、五月或六、七月，炎蒸酷热之天，衣食尚且不足，棺木自然薄削，臭秽莫堪，岂可久停？必致败害，故不得已，而从权葬之，术士宜谅。丧家稍有力者，则抬出阴幽之所，掘土砂以压之，使伏土气，免致败害，另选吉日埋葬，是使生人致福，死者得安，乃术士仁人之心，亦丧家子孙之幸也。

【注释】

①安葬从权：古人迷信，人去世了，丧家必须选择吉日葬之。然若遇特殊情况，如丧家贫穷，或人死于炎热的夏天，亦可变通一下，先行下葬，待日后再“另择吉日埋葬”。可见古人择吉，也是有限度、有条件的，并非事事拘守成规。权，权变，变通。又，安葬从权法有两种：一为“乘凶”埋葬（详见下篇）；二为“乘乱”埋葬，即在大寒五日后到立春前这段时间里，择日下葬，可无所禁忌。这是利用神煞交接班的空当，不过一定要在立春前或来年寒食清明节加土谢墓。

乘凶葬法[①]

如死者三日之内，或七日或旬日之内，择日安葬，不忌年月诸凶，不须昭告地祇。斩草名曰盗葬。当日清早开圹，尽一日之内成坟，三日之内谢墓，或大寒节五日后，或清明节先后谢墓，亦可。

【注释】

①乘凶葬法：不忌年月诸凶而葬，这也是一种从权法。

禳镇重丧[①]法

用白纸做函[②]一个，用黄纸朱书四字[③]，置函内，放棺上，同出大吉。

正、二、六、九、十二月，朱书六庚[④]天刑，
三月朱书六辛天建，四月朱书六壬天牢，
五月朱书六癸天气，七月朱书六甲天福，
八月朱书六乙天德，十月朱书六丙天成，
十一月朱书六丁天阴。

【注释】

①禳镇重丧：破解魔魅的一种巫术。

②函：匣子。

③朱书四字：用朱砂写四个红字。四字指下文的“六庚天刑”“六辛天建”等。

④六庚：对六个以庚开头的干支数的概称。这种方法是以善神驱除凶神。

除灵罢服吉日（附：除灵周堂之图）

壬申、丙子、甲申、辛卯、丙申、庚子、丙午、戊午、己酉、辛亥、壬子、乙卯、己未、庚申。又取戊寅、乙未、戊申、癸丑。

宜除日。

附：除灵周堂之图

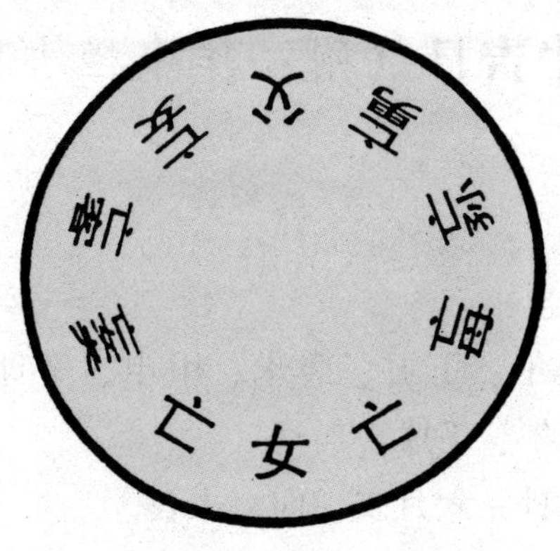

大月初一起，从父向男顺数；
小月初一起，从母向孙逆数，
一日过一位，数至亡字则吉。
宜用值人，损人①不宜用。

【注释】

①损人：指“亡母”“亡孙”等字样。

买马吉日（附：作马枋吉日）

宜成、收日。
乙亥、乙酉、戊子、壬辰、乙巳、壬子、己未。

附：作马枋吉日

甲子、丁卯、辛未、乙亥、己卯、甲申、辛卯、丁酉、戊戌、庚子、壬寅、乙巳、壬子。

买牛吉日（附：作牛栏吉日）

宜成、收、开日。

丙寅、丁卯、庚午、丁丑、癸未、甲申、辛卯、丁酉、戊戌、庚子、庚戌、辛亥、戊午、壬戌。

正月寅、午、戌日，六月亥、卯、未日。

附：作牛栏吉日

甲子、己巳、庚午、甲戌、乙亥、丙子、庚辰、壬午、癸未、庚寅、庚子。

《牛黄经》又有四吉日：戊辰、戊午、己未、辛酉。

养浴蚕吉日（附：出蚕吉日）

甲子、丁卯、庚午、壬午、戊午。

附：出蚕吉日

甲子、庚午、癸酉、庚辰、乙酉、甲午、乙巳、甲申、壬午、乙未、癸卯、丙午、丁未、戊申、甲寅、戊午。

宜收、成、开日。

收蜂割蜜吉日（附：蜂王杀诗）

宜天德、月德、天月德合、月财、母仓、五福[①]日。

忌天贼、天瘟、受死、大耗、小耗、月厌、月杀、月破、天火、九空、四方耗[②]。

宜忌诗：

除危定执[③]旺蜂家，建满平收生黑鸦。
更有成开宜可用，破闭从来不用他。

附：蜂王杀诗

春忌甲寅并庚辛，夏忌辰戌己双神。
秋忌戊辰冬丙戌，此是蜂王大杀神。

【注释】

①天德……五福：均为吉神。

②天贼……四方耗：均为凶煞。

③除危定执：此句诗中的星煞为建除十二客。此十二神煞当值各有宜忌。

畋猎[①]网鱼吉日

宜月杀、飞廉、上朔及执、危、收日。

壬寅、癸卯日，江河合，宜渔猎。

霜降后立春前执、危、收日，宜猎兽。

雨水后立夏前执、危、收日，宜捕鱼。
忌天恩、天赦、月恩、五虚、大小空亡及开日。

【注释】

①畋猎：打猎。

造曲造酒吉日

造曲吉日

辛未、乙未、庚子，三伏日。
忌六甲旬蛀日。

造酒吉日

丁卯、癸未、庚午、甲午、己未。
宜成、开日。
忌灭没日，春氐、箕，夏亢，秋奎，冬危。

治酸酒法

每酒一坛，用甘草一两，官桂五钱，砂仁五钱，研碎入酒，封固，三五日，酸味即去。

又法：每酒一坛，用铅一片，令炙热，投入酒内，封固一日，酸味即去。

收杂酒法

如人家有喜事，诸亲友携酒庆贺，酒之美恶不齐，欲共一处，择清者将陈皮二三两，入酒封固，三日漉出，去陈皮，其味香美。

合酱吉日

丙寅、丁卯、戊子、丙申、乙未。
忌水痕日，不生虫。

买猪吉日（附：出猪凶日）

甲子、乙丑、癸未、乙未、甲辰、壬子、癸丑、丙辰、壬戌。
忌破群日。

附：出猪凶日

亥不出猪。又忌破群日。
破群日：庚寅及庚申，壬辰与戊辰，甲寅并己卯，六日是破群。

作猪圈吉日（附：修猪圈吉日）

甲子、戊辰、壬申、甲戌、庚辰、戊子、辛卯、辛巳、甲午、乙未、庚子、壬寅、癸卯、甲辰、乙巳、戊申、壬子。

猪圈门宜高二尺，阔一尺五寸。

放水惟寅申二位吉。水流申，周年重千斤；水流寅与乙，白水喂猪也自肥。

附：修猪圈吉日

宜申、子、辰日。

忌正四废、飞廉、刀砧、天地贼、受死日。

买鸡鹅鸭吉日

甲子、乙丑、壬申、甲戌、壬午、癸未、甲午、丁未、甲辰、乙巳。

忌破群日。

作鸡鹅鸭栖吉日

乙丑、戊辰、癸酉、辛巳、壬午、癸未、庚寅、辛卯、壬辰、乙未、丁酉、庚子、辛丑、甲辰、乙巳、壬子、丙辰、丁巳、戊午、壬戌。

宜满、成、开日。

忌刀砧、大小耗、四废。

抱鸡鹅鸭卵吉日

宜天月德、生气、福生、益后、黄道日。

忌月杀、月厌、月破、血忌、血支、死气、受死、休废、四废、天地贼、大小耗、天瘟、空亡、闭日。

纳猫吉日（附：相猫法）

甲子、乙丑、丙午、丙辰、壬午、庚午、壬子。

宜天德、月德、生气日。

忌飞廉日。

附：相猫法

猫儿身短最为良，眼用金银尾用长。
面似虎威声振喊，老鼠闻之立使亡。

又法：

露爪能翻瓦，腰长会走家。
面长鸡种绝，尾大懒如蛇。

纳犬吉日

辛巳、壬午、乙酉、壬辰、甲午、乙未、丙午、丙辰、戊午。

宜龙虎日，吉。

忌戌日，不吃犬。

上梁日忌二十八宿中七星

角、亢、奎、娄、鬼、牛、星[①]。

忌天火日[②]，忌红沙日[③]，忌小红沙日[④]，忌天克地冲日，忌冲宅主命，忌岁破日。

假如上梁是子日，宅主是午命，犯冲[⑤]，不可用。余仿此。

【注释】

①角、亢、奎、娄、鬼、牛、星：这是二十八宿的七星。其中的角、亢属东方七宿，奎、娄属西方七宿，鬼、星属南方七宿，牛属北方七宿 。

②天火日：见前注。

③红沙日：《通书》以每季的正月、四月、七月、十月四个孟月之酉日，二月、五月、八月、十一月四个仲月之巳日，三月、六月、九月、十二月四个季月之丑日称为红沙日，其日忌兴造、嫁娶、出行，尤忌嫁娶。民谣曰：

起屋犯红沙，百日火烧家。
嫁娶犯红沙，一女嫁三家。
得病犯红沙，必定见阎王。

出行犯红沙，必定不还家。

沙，又作“砂”。

④小红沙日：星体比平常变小。与“大”相反。吉星变小为凶，凶星变小为吉，吉星变大为吉，凶星变大为凶。

⑤犯冲：“冲”即十二地支两两相冲。古人绘了一个十二地支方位图，说明它们相冲的情况。如下图。

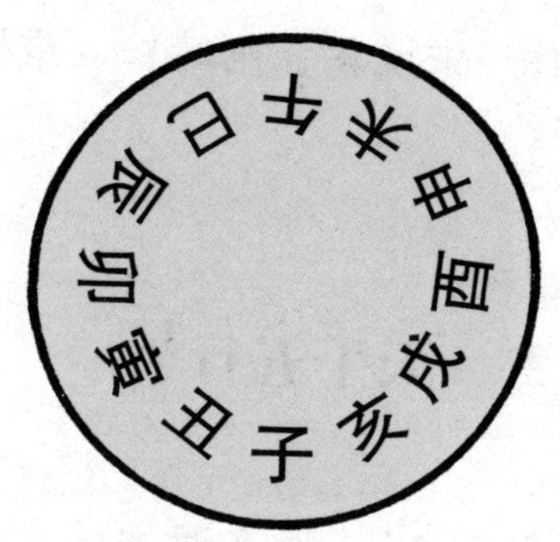

据此图得到六组对冲关系，即：

1. 子午相冲；
2. 丑未相冲；
3. 寅申相冲；
4. 卯酉相冲；
5. 辰戌相冲；
6. 巳亥相冲。

殡葬选择吉日忌二十八宿中七星

角、亢、奎、娄、鬼、牛、星。

忌天火日。忌红砂日。忌小红砂日。忌天克地冲日。忌岁破日。忌冲亡人命。忌冲孝子命。

假如亡人，孝子是子相，葬用午日为冲命。若是亡人，孝子是寅相，葬用申日为冲命，不可用。余仿此。

新镌许真君玉匣记增补诸家
选择日用通书卷三

武林　朱说霖（雨畴）　重校

天干五行[①]

甲乙东方木，丙丁南方火，庚辛西方金，壬癸北方水，戊己中央土。

【注释】

①天干五行：这里说的是天干与五行和五方的关系。如下表。

天干	甲乙	丙丁	庚辛	壬癸	戊己
方位	东	南	西	北	中
五行	木	火	金	水	土

地支五行[①]

亥子北方水，寅卯东方土，巳午南方火，申酉西方金，辰戌丑未四隅土。

【注释】

①地支五行：这里说的是地支和五行、八方的关系。八方指东、南、西、北和东南、西南、东北、西北。

五行相生[①]

金生水，水生木，木生火，火生土，土生金。

【注释】

①五行相生：本篇及下篇说的是五行之间的相生相克关系。如下图。

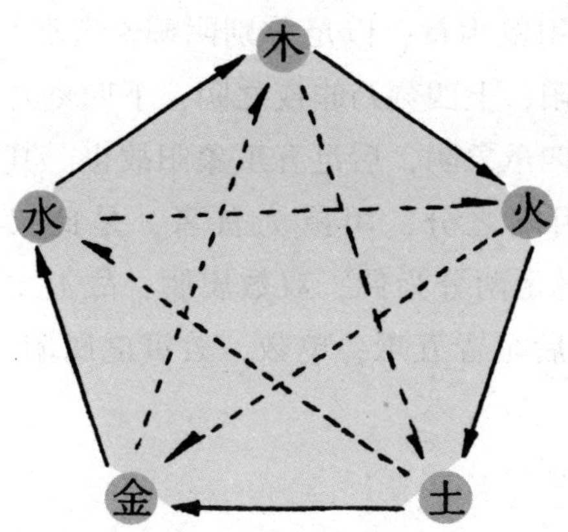

据上图可知，木、火、土、金、水之间，邻则相生，隔一相克。

五行相克

金克木，木克土，土克水，水克火，火克金。

十二属相掌诀图

子鼠、丑牛、寅虎、卯兔、
辰龙、巳蛇、午马、未羊、
申猴、酉鸡、戌狗、亥猪。

十二属相因何用鼠为首，以足分别阴阳？奇偶[1]故也。即如子时属阳，上四刻乃昨夜之阴，下四刻乃今日之阳。鼠前足四爪象阴，后足五爪象阳故也。其取义用鼠足，有阴阳之分，用鼠为首者，是此义也[2]。如丑属牛，其足两分为偶，双数属阴，故丑牛是阴；寅属虎，前后足皆五爪，单数，故寅虎属阳。以下仿此。

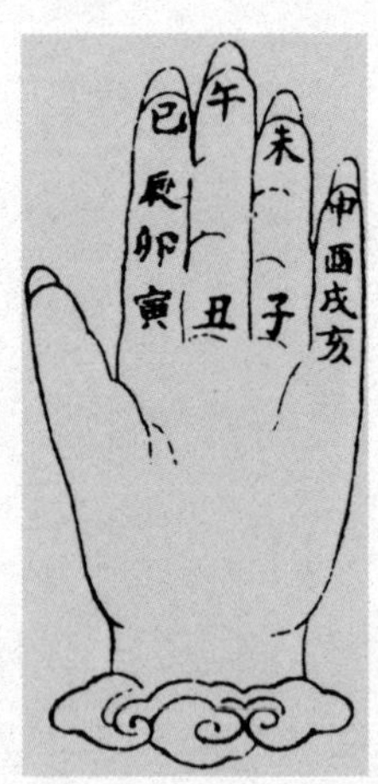

【注释】

①奇偶：单数和双数。奇为单，偶为双。
②此论可聊备一说。

十二月建[①]

正月建寅，二月建卯，三月建辰，四月建巳，五月建午，六月建未，七月建申，八月建酉，九月建戌，十月建亥，十一月建子，十二月建丑。

【注释】

①十二月建：用地支记月，从上年十一月起，由子到亥，至下年十月止。如下表：

月份	十一	十二	一	二	三	四	五	六	七	八	九	十
地支	子	丑	寅	卯	辰	巳	午	未	申	酉	戌	亥

地支相冲[①]

子午相冲，丑未相冲，寅申相冲，卯酉相冲，辰戌相冲，巳亥相冲。

【注释】

①地支相冲：地支取七位为冲，犹天干取七位为煞之义。如子午相冲，子至午七数，甲逢庚为煞，甲至庚七数。数中六则合，七则过，故相冲击为煞也。冲，彼此冲激。

地支相穿[①]

如嫁娶男女，是子年生，不可用未日，犯穿六害。

子未相穿，丑午相穿，寅巳相穿，卯辰相穿，申亥相穿，酉戌相穿。

【注释】

①地支相穿：穿又叫“害”，就是彼此相害的意思。

地支三合[①]

凡嫁娶，男命与女命，三合、六合皆吉。

申子辰合水局，巳酉丑合金局。

寅午戌合火局，亥卯未合木局。

【注释】

①地支三合：合，就是和谐。《三命通会·论支元六合》云：“夫合者，和也，乃阴阳相和，其气自合。子、寅、辰、午、申、戌六者为阳，丑、卯、巳、未、酉、亥六者为阴，是以一阴一阳和而谓之合。”可见六合是十二地支阴阳两两相合，总数为六（详见下篇《地支六合》）。而三合则是十二地支三三相合。又，十二地支与五行相配构成的六合是：子丑合土，寅亥合木，卯戌合火，辰酉合金，巳申合水，午未合太阳太阴。

地支六合[①]

子与丑合，寅与亥合，卯与戌合。
辰与酉合，巳与申合，午与未合。

【注释】

①地支六合：详见上篇注。

年上起月[①]

假如甲己年，用“甲己之年丙作首”，正月起丙寅，二月丁卯，三月戊辰，顺数去。下仿此。

甲己之年丙作首，乙庚之岁戊为头。
丙辛便向庚寅起，丁壬壬寅顺流行。
戊癸年从何处起？甲寅之上好追求。

【注释】

①年上起月：这是一种由年的干支推算月的干支的方法。

日上起时[①]

如甲己日，用“甲己还加甲”之句，子时上甲子，丑时是乙丑，顺数去。下仿此。

甲己还加甲，乙庚丙作初。
丙辛生戊子，丁壬庚子居。
戊癸推壬子，时元定不虚。

【注释】

①日上起时：这是由日的干支推算时的干支的方法。

起天月德法①

天德

凡嫁娶，宜用天德日，诸凶杀避之。

正丁二坤宫	正月丁 二月申	三壬四辛同	三月壬 四月辛
五乾六甲上	五月亥 六月甲	七癸八艮逢	七月癸 八月寅
九丙十居乙	九月丙 十月乙	子巽丑庚中	十一月巳 十二月庚

月德

凡嫁娶，宜用。

正月在丙，二月在甲，三月在壬，四月在庚，五月在丙，六月在甲，七月在壬，八月在庚，九月在丙，十月在甲，十一月在壬，十二月在庚。

【注释】

①起天月德法：天月德即天德和月德，二者均为吉神。这里说的是由月的干支推算天德和月德二神当值时辰的方法。

起天月德合法[①]

天德合

如天德，正月在丁，与壬合，如正月见壬，即是天德合。正月壬，二月己，三月丁，四月丙，五月寅，六月己，七月戊，八月亥，九月辛，十月庚，十一月甲，十二月乙。

月德合

每月与月德天干合，即是正月辛，二月己，三月丁，四月乙，五月辛，六月己，七月丁，八月乙，九月辛，十月己，十一月丁，十二月乙。

【注释】

①起天月德合法：天月德合即天德合和月德合，二者均为吉神。这里说的是由月的干支推算天德合和月德合当值时辰的方法。

黄黑道[①] 用事吉日

如嫁娶选择之日皆吉，惟是黑道，命新人穿黄鞋解之大吉。

建满平收[②]黑，除危定执[③]黄。
成开[④]皆可用，闭破[⑤]不相当。

又，黄黑道日当用之事。

建[⑥]宜出行收嫁娶，定[⑦]宜冠带满修仓。
破除[⑧]疗病执宜捕，危[⑨]本安床开葬良。
成开作所成交吉，平乃作事总平常。

【注释】

①黄黑道：即黄道日和黑道日。

②建满平收：建除十二客中星煞。这句是说建、满、平、收当值凶险。

③除危定执：建除十二客中星煞。这句是说除、危、定、执当值吉祥。

④成开：建除十二客中星煞。这句是说成、开当值吉祥。

⑤闭破：建除十二客中星煞。这句是说闭、破当值不吉。

⑥建：建除十二客中星煞。

⑦定：建除十二客中星煞。

⑧破除：建除十二客中星煞。

⑨危：建除十二客中星煞。

喜神[①]方位歌

凡嫁娶、冠带，新人向之大吉，出行、移徙、修造，皆向之大吉。

东北方　西北方　　　　西南方
甲己在艮乙庚乾，　　　丙辛坤位喜神安。
正南方　　　　　　　　东南方
丁壬只在离宫坐，　　　戊癸游来在巽间。

【注释】

①喜神：吉神。《协纪辨方书》载有“喜神方”，可据以定喜神所值方位：甲己日在艮方，寅时；乙庚日在乾方，戌时；丙辛日在坤方，

申时；丁壬日在离方，午时；戊癸日在巽方，辰时。这说明喜神值于正南、东南、东北、西北、西南五个方位，每日一方。如正月初一为西北，初二则为西南，初三为正南，初四为东南，初五为东北，如此周而复始。喜神所在之方，均为吉方；所在之时，均为吉时。

喜神喜怒歌[①]

如嫁娶，喜神生怒，另择福纳亦可。

甲己端坐乙庚睡，丙辛怒色皱双眉。
丁壬吃得醺醺醉，戊癸原来喜笑堆。

【注释】

①喜神喜怒歌：这首歌是说“丙辛”日喜神发怒，不宜嫁娶，甲己、丁壬、戊癸则无不宜。

福神方位歌

甲乙东南是福神[①]，丙丁正东是堪宜[②]，
戊北己南庚辛坤[③]，壬在乾方癸在西[④]。

【注释】

①这句是说在甲、乙当头的干支日，福神在东南方。

②这句是说在丙、丁当头的干支日，福神在正东方。

③这句是说在戊当头的干支日，福神在北方；在己当头的干支日，福神在南方；在庚、辛当头的干支日，福神在西南方。

④这句是说在壬当头的干支日，福神在西北；在癸当头的干支日，

福神在西方。

财神方位歌

甲乙东北是财神，丙丁向在西南寻。
戊己正北坐方位，庚辛正东去安身。
壬癸原来正南坐，便是财神方位真。

贵人月份方位歌

　　　　牛　羊　　　　　鼠　猴
甲戊庚人十二、六月，乙己生人十一、七月，
　　　　猪　鸡　　　　　蛇　兔
丙丁之人十月、八月，壬癸生人四月、二月，
　　　　虎　马
六辛生人正月、五月。
用甲戊庚者，取三奇①之意也。占六壬课②用此。

又：

甲戊兼牛羊，乙己鼠猴乡，
丙丁猪鸡位，壬癸兔蛇藏，
庚辛逢马虎，此是贵人方。

凡占周易卦，用此贵人。

【注释】

①三奇：乙、丙、丁合称三奇。

②六壬课：一种占卜方法。

日破败五鬼[1]方

甲己东南乙庚艮，丙辛正北君休问。
丁壬西北定是真，戊癸莫向西南奔。

如甲日或己日，五鬼在东南方，当避之。

【注释】

①破败五鬼：凶煞。

男女属相配婚

俗名断头婚，又谓穿心六害，所以当避。

从来白马怕青牛，羊鼠相逢一旦休。
蛇见猛虎如刀断，猪遇猿猴不到头。
龙逢兔儿云端去，金鸡见犬泪交流。

女命行嫁大利月

正七迎鸡兔，二八虎合猴。
三九蛇共猪，四十龙合狗。
牛羊五十一，鼠马六十二。

女命	子午	丑未	寅申	卯酉	辰戌	巳亥
大利月	六十二	五十一	二八	正七	四十	三九
媒人小利月	正七	四十	三九	六十二	五十一	二八
翁姑[①]	二八	三九	四十	五十一	六十二	正七
父母	三九	二八	五十一	四十	正七	六十二
夫主	四十	正七	六十二	三九	二八	五十一
本身	五十一	六十二	正七	二八	三九	四十

阳前阴后一吉辰，正七首子及媒人。
二八月妨翁与姑，三九女之父母身。
四十乃妨夫主身，五十一月妨自身。
子午寅申辰戌顺，丑未卯酉巳亥逆。

又，附起例

首句："阳前阴后一吉辰"，如女命子年生，子乃阳，年前是丑，丑乃十二月，当用十二月为的，此乃古理。如十二月诸多妨碍，无上吉日，只可从权，便择六月吉日用。

【注释】

①翁姑：又称"舅姑"，指公公和婆婆。

翁姑禁忌天罡河魁

翁忌天罡，姑忌河魁[①]。

子年忌鼠马，逢寅牛羊凶，
辰年猴虎忌，午年鸡兔逢，
申年龙狗避，戌年蛇猪惊，
阳年翁方忌，阴年两无凶。
子年忌鸡兔，寅年龙狗凶，

辰年蛇共猪，午年鼠马逢，
申年牛羊忌，戌年虎猴惊，
姑年若逢此，便是河魁星。

如子年行嫁，翁忌鼠马，姑忌鸡兔。

【注释】

①天罡、河魁：凶煞。

男命禁婚年

不宜娶亲。如男命用子年娶亲，忌本身属蛇。

子年禁蛇相，丑年禁马相。
寅年禁羊相，卯年禁猴相。
辰年禁鸡相，巳年禁狗相。
午年禁猪相，未年禁鼠相。
申年禁牛相，酉年禁虎相。
戌年禁兔相，亥年禁龙相。

男娶婚所忌者，当年太岁前五相是也。

女命禁行嫁年

不宜出闺。如女命用子年行嫁，忌本身属兔。

子年忌兔相，丑年忌虎相。
寅年忌牛相，卯年忌鼠相。
辰年忌猪相，巳年忌狗相。
午年忌鸡相，未年忌猴相。

申年忌羊相，酉年忌马相。

戌年忌蛇相，亥年忌龙相。

起法：每从卯上起子，逆数到本年太岁止，遇何属相，即是忌婚，不宜出闺。

男女配宫合婚法

一、三、四、九是东四宫，二、六、七、八是西四宫。凡生命在东四者，配婚亦必用东四，凡生命在西四者，配婚亦必用西四。男女皆然。

合婚之法：先看男女生年命宫，如不知起命宫法，须看《时宪书》末二章，有男几宫、女几宫。假如男是一宫，女是四宫，合成一四，即是生气，上等婚。合成一八，即是天医，上等婚，主子孙昌盛，百事皆吉。合成一六，即是游魂，中等婚，为次吉。合成一七，是五鬼，下等婚，不可配。凡男女五宫，男寄坤二宫，女寄艮八宫，大抵婚姻之事，理无十全，但得中平就好。如遇下等婚，按八字中神煞相敌，用之无妨。命书有云："男逢羊刃主克妻，女逢伤官夫早离。"二命有羊刃、伤官者，亦可配，酌量有之，不可太拘。

上等婚	生气	一四　四一	二八　八二	三九　九三	六七　七六
	天医	一八　八一	二四　四二	三六　六三	七九　九七
	福德	一三　三一	二七　七二	四九　九四	六八　八六
中等婚	游魂	一六　六一	二九　九二	三八　八三	四七　七四
	归魂	一一　二二	三三　四四	六六　七七	八八　九九
	绝体	一九　九一	二六　六二	三四　四三	七八　八七
下等婚	绝命	一二　二一	三七　七三	四八　八四	六九　九六
	五鬼	一七　七一	二三　三二	四六　六四	八九　九八

嫁娶不将图

是书云，凡嫁娶须择不将吉日，取干支比和为不将。何为干支比和？阴将阳将之说，使学者不能明白，广有错误。今将嫁娶不将原图录出，以备考查，令学者一见即知，方不致有错耳。

如正月，月厌[①]在戌，厌对[②]在辰，逆行十二辰，自辛至巽为前为阳，自乾至乙为后为阴，丑时不冠带，亥日不嫁娶。

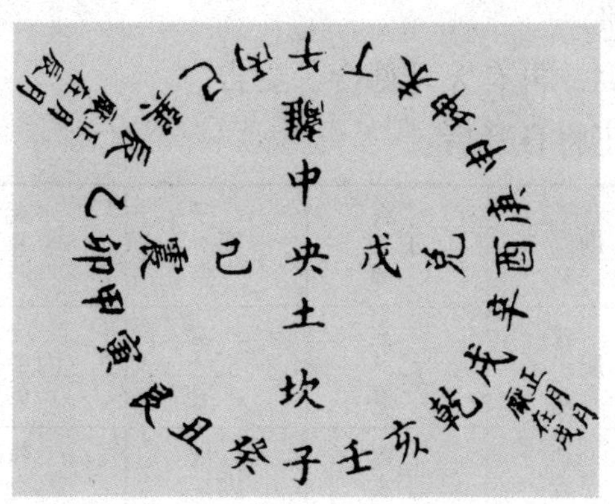

正月	月厌在戌	七月	月厌在辰
	厌对在辰		厌对在戌
二月	月厌在酉	八月	月厌在卯
	厌对在卯		厌对在酉
三月	月厌在申	九月	月厌在寅
	厌对在寅		厌对在申
四月	月厌在未	十月	月厌在丑
	厌对在丑		厌对在未
五月	月厌在午	十一月	月厌在子
	厌对在子		厌对在午
六月	月厌在巳	十二月	月厌在亥
	厌对在亥		厌对在巳

如正月，月厌在戌，天干用丙、丁、庚、辛，地支用子、丑、寅、卯。如正月起丙子、丙寅、丁丑、丁卯、庚子、庚寅、辛丑、辛卯，此为干支比和，阴阳不将。至于戊己居中央，戊属阳，用阳支；己属阴，用阴支，当取戊子、戊寅、己卯，为何不用戌、亥、丑、辰四支？戌是月厌，辰是厌对，丑不冠带，辰不嫁娶，凡十二月内皆不用月厌、厌对与丑、亥日。如正月丙午、丙申、戊午、戊申、己巳、己未、己酉，皆是阳将，如壬子、壬寅、癸丑、癸卯，皆是阴将。书云：“阴将女死，阳将男亡，阴阳俱将，男女俱伤，阴阳不将，乃是吉昌。”月厌妨翁，厌对妨姑。诸月仿此。

假如正月壬戌日是月厌，辛酉日在厌前，癸亥日在厌后，皆为干支自配。余仿此类推。

不将日宜嫁娶，再有天月德合，更吉。

今选定每月不将日开后：

正　月	丙 子 寅	丁 亥 丑 卯	庚 子 寅	辛 亥 丑 卯	己 亥 卯
二　月	庚 戌 子 寅	己 亥 丑	丁 亥 丑	丙 戌 子 寅	乙 亥 丑
三　月	己 酉 亥 丑	丁 酉 亥 丑	丙 戌 子	乙 酉 亥 丑	甲 戌 子
四　月	丁 酉 亥	丙 申 戌 子	乙 酉 亥	甲 申 戌 子	戊 申 戌 子
五　月	丙 申 戌	乙 未 酉 亥	甲 申 戌	戊 申 戌	癸 未 酉 亥
六　月	乙 未 酉	甲 午 申 戌	戊 午 申 戌	癸 未 酉	壬 午 申 戌
七　月	乙 巳 未 酉	甲 午 申	戊 午 申	癸 巳 未 酉	壬 午 申
八　月	甲 辰 午 申	戊 辰 午 申	癸 巳 未	壬 辰 午 申	辛 巳 未

（续表）

九　月	乙 卯 巳 未	癸 卯 巳 未	壬 辰 午	辛 卯 巳 未	庚 辰 午
十　月	癸 卯 巳	壬 寅 辰 午	辛 卯 巳	庚 寅 辰 午	己 卯 巳
十一月	壬 寅 辰	辛 丑 卯 巳	庚 寅 辰	己 丑 卯 巳	丁 丑 卯 巳
十二月	辛 丑 卯	庚 子 寅 辰	己 丑 卯	丁 丑 卯	丙 子 寅 辰

虽是不将日可用，须要不与男女命刑冲[3]克害方好。如男女命申年生，不可择寅日相冲、亥日相穿[4]。如子年生，不可择午日相冲、未日相穿。余仿此。再不犯当梁、勾绞星，不妨翁姑，方为可用。

【注释】

①月厌：丛辰名，阴建之辰，为魇魅之神。与月建相反，正月在戌，逆行十二辰。

②厌对：丛辰名，为月厌所冲之辰。正月起逆行十二辰，本为忌嫁娶之凶辰。

③刑：彼此相妨，互不相和。冲：彼此冲激。有天干相冲和地支相冲两种。

④相穿：即相害。详见前注。

女命行嫁忌日

女命嫁日，犯当梁、勾绞星[1]。

假令女命子相，即从子上起建，顺数到卯位，是平，为当梁；数到酉位，是收，为勾绞。忌卯酉二日，不可用。丑相忌辰戌二日，寅相忌巳亥二日，卯相忌子午二日，辰相忌丑未二日，巳相忌寅申二日，午相忌卯酉二日，未相忌辰戌二日，申相忌巳亥二日，酉相忌子午二日，戌相忌丑未二日，亥相忌寅申二日。

【注释】

①当梁、勾绞星：凶煞。

纳婿周堂图（附：纳婿定亲吉日）

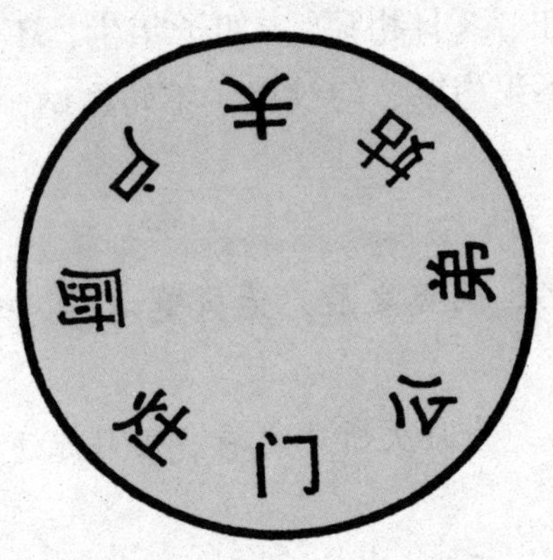

只论月分大小，不论节气。大月从“夫”向“姑”顺数，小月从“户”向“厨”逆数，遇公、姑、夫、弟不用也。

附：纳婿定亲吉日

丙寅、丁卯、戊寅、己卯、丙戌、戊子、壬辰、癸巳、壬寅、癸卯、丙午、丁未、壬子、甲寅、乙卯、丁巳、戊午、己未。

忌建、破、魁星、勾绞日，宜黄道、三合、定、成等日是也。

嫁娶周堂图

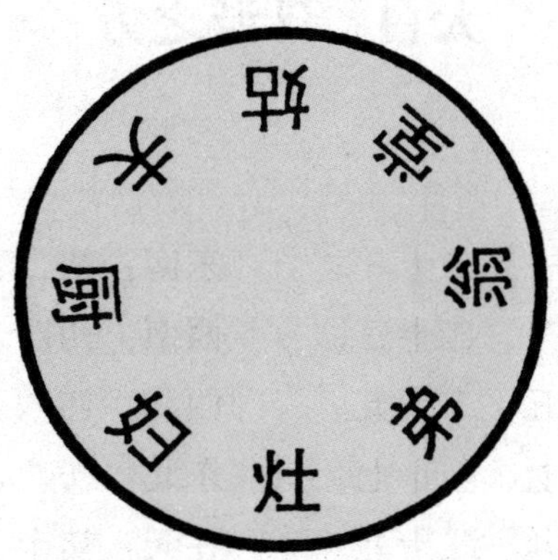

只论月分大小，不问节气。大月从“夫”向“姑”顺数，小月从“妇”向“灶”逆数，如遇翁、姑而无翁姑，亦可用也。

天狗星[1]四季方向

天狗星，犯之者，主无嗣。新人进门下轿拜堂，忌踏天狗头尾。

天狗头妨翁姑克子	春酉方	夏午方	秋卯方	冬子方
天狗尾妨夫主	春卯方	夏子方	秋酉方	冬午方
天狗口	春寅方	夏巳方	秋申方	冬亥方
天狗腹主当年有子	春午方	夏卯方	秋子方	冬酉方
天狗背主三年有子	春子方	夏酉方	秋午方	冬卯方
天狗前足主六年有子	春戌方	夏未方	秋辰方	冬丑方
天狗后足主九年有子	春辰方	夏丑方	秋戌方	冬未方

【注释】

①天狗星：妖星。有形，故分头、尾、口、腹、背、足。

太白[1]日游之方

忌迎婚、嫁娶。

正东：初一、十一、二十一。　东南：初二、十二、二十二。
正南：初三、十三、二十三。　西南：初四、十四、二十四。
正西：初五、十五、二十五。　西北：初六、十六、二十六。
正北：初七、十七、二十七。　东北：初八、十八、二十八。
中央：初九、十九、二十九。　在天：初十、二十、三十。

【注释】

①太白：金星。秉西方金德之精，司秋，主兵。

诸日起吉时歌

寅申须加子，卯酉却居寅。
辰戌龙位上，巳亥午上存。
子午临申地，丑未戌相寻。
青龙明堂与天刑，朱雀金匮天德神，
白虎玉堂天牢黑，玄武司命共勾陈[1]。

如寅申日，子时是青龙，丑时是明堂，寅时是天刑，卯时是朱雀，辰时是金匮，数至亥时是勾陈。余仿此。

青龙明堂、金匮、天德、玉堂、司命，皆吉时。其余皆凶时，不可用。

【注释】

①青龙明堂与天刑：黄道六神和黑道六神中星辰。黄道六神为：青龙、明堂、金匮、天德、玉堂、司命。黑道六神为：天刑、朱雀、白虎、天牢、玄武、勾陈。金匮，又作“金柜”。玄武，又作“元武”。

娶送女客忌三相[①]

申子辰年蛇鸡牛，巳酉丑年虎马狗。

寅午戌年猪兔羊，亥卯未年龙鼠猴。

如女命属龙，即是辰年，生辰前一数巳，五数酉，九数丑，所以忌蛇、鸡、牛。《通书》云“太岁门前一五九”，未解明白。今凡选择多有用本年娶亲，太岁论岂不错误？原是女命本生年，太岁一五九方是。

【注释】

①三相：三种属相。即正文中的“蛇鸡牛”“虎马狗”“猪兔羊”“龙鼠猴”。

上下车轿方

寅卯辰[①]女面向西，巳午未女面向北，

申酉戌女面向东，亥子丑女面向南。

宜背本命[②]，如遇五鬼、死门在北方，或迎喜神，亦可。

【注释】

①寅卯辰：这里表示日辰。

②本命：本指人的生年干支，这里指人出生日所属干支。

安床坐帐方

寅卯辰女，堂房西间，南房东间，坐丙向壬[1]。

巳午未女，东房北间，西房南间，坐庚向甲。

申酉戌女，堂房西间，南房东间，坐壬向丙。

亥子丑女，东房北间，西房南间，坐甲向庚。

【注释】

①坐丙向壬：天干地支所属方向，详见前注。

选择嫁娶婚元书式

万福之原，或写“福寿双全”，或写“婚元选择”。（此行写在全柬前面正中靠上。）

乾　造[1]

　　年　岁　月　日　时健生

坤　造

　　年　岁　月　日　时健生

（此二条或起八字，或写年月亦可。写在全柬里面头一二幅上。）

谨遵

《万全通书》合《时宪》历理选择嫁娶吉期

一主婚翁命　　　年　　　岁不犯天罡，福寿大吉。

一主婚姑命　　　年　　　岁不犯河魁，福寿大吉。

一娶婚男命　　　年　　　岁不犯命星，喜庆大吉。

一行嫁女命　　　年　　　岁不犯岁星，喜庆大吉。

一娶嫁择于本年　　　月　　　日　　　时进宅大吉。

一娶送女客忌属　　三相以及妊娠之妇避之大吉。

一冠带择于本日　　时面向　　方梳妆上头大吉。

一安床帐宜用　　房　　间　　房　　间坐　　向　　合卺大吉。

一新人上下车轿宜面向　　方迎禧大吉。

一路逢井石庙宇俱宜用红毡遮之大吉。

一迎门置鞍糕令新人抱　筬子红绢帛及明镜大吉。

天地氤氲　　咸恒庆会

金玉满堂　　长命富贵

【注释】

①乾造：指男方，即新郎。下文“坤造”指女方，即新娘。

起日贵人歌

凡选择卯辰巳午未申六时①者，宜用阳贵方向。

甲羊戊庚午，乙猴己鼠求。

丙鸡丁猪位，壬兔癸蛇游。

六辛逢虎上，阳贵日中俦。

【注释】

①卯辰巳午未申六时：这个六时辰相当于五时到十七时，是一日中的白天。

起夜贵人歌

凡选择酉戌亥子丑寅六时[①]者，宜用阴贵方向。

甲午戊庚羊，乙鼠己猴乡。
丙猪丁鸡位，壬蛇癸兔藏。
六辛逢午马，阴贵夜时当。

【注释】

①酉戌亥子丑寅六时：这六个时辰相当于十七时至五时，是一日中的夜晚。

六十花甲子纳音[①]诸神方向

六十日	纳音	喜神	阳贵	阴贵	福神	财神	五鬼	生门	死门
甲子日	海中金	东北	西南	东北	东南	东北	东南	东北	西南
乙丑日		西北	西南	正北	东南	东北	东北	东北	西南
丙寅日	炉中火	西南	正西	西北	正东	正西	正北	东北	西南
丁卯日		正南	西北	正西	正东	正西	西北	正西	正东
戊辰日	大林木	东南	东北	西南	正北	正北	西南	正西	正东
己巳日		东北	正北	西南	正南	正北	东南	正西	正东
庚午日	路旁土	西北	东北	西南	西南	正东	东北	东南	西北
辛未日		西南	东北	正南	西南	正东	正北	东南	西北

（续表）

壬申日	剑锋金	正南	正东	东南	西北	正南	西北	东南	西北
癸酉日		东南	东南	正东	正西	正南	西南	正南	正北
甲戌日	山头火	东北	西南	东北	东南	东北	东南	正南	正北
乙亥日		西北	西南	正北	东南	东北	东北	正南	正北
丙子日	涧下水	西南	正西	西北	正东	正西	正北	正北	正南
丁丑日		正南	西北	正西	正东	正西	正北	正北	正南
戊寅日	城头土	东南	东北	西南	正北	正北	西南	正北	正南
己卯日		东北	正北	西南	正南	正北	东南	西北	东南
庚辰日	白蜡金	西北	东北	西南	西南	正东	东北	西北	东南
辛巳日		西南	东北	正南	西南	正东	正北	西北	东南
壬午日	杨柳木	正南	正东	东南	西北	正南	西北	正东	正西
癸未日		东南	东南	正东	正西	正南	西南	正东	正西
甲申日	泉中水	东北	西南	东北	东南	东北	东南	正东	正西
乙酉日		西北	西南	正北	东南	东北	东北	西南	东北
丙戌日	屋上土	西南	正西	西北	正东	正西	正北	西南	东北
丁亥日		正南	西北	正西	正东	正西	西北	西南	东北
戊子日	霹雳火	东南	东北	西南	正北	正北	西南	东北	西南
己丑日		东北	正北	西南	正南	正北	东南	东北	西南
庚寅日	松柏木	西北	东北	西南	西南	正东	东北	东北	西南
辛卯日		西南	东北	正南	西南	正东	正北	正西	正东
壬辰日	长流水	正南	正东	东南	西北	正南	西北	正西	正东
癸巳日		东南	东南	正东	正西	正南	西南	正西	正东
甲午日	沙中金	东北	西南	东北	东南	东北	东南	东南	西北
乙未日		西北	西南	正北	东南	东北	东北	东南	西北

（续表）

<table>
<tr><td>丙申日</td><td rowspan="2">山下火</td><td>西南</td><td>正西</td><td>西北</td><td>正东</td><td>正西</td><td>正北</td><td>东南</td><td>西北</td></tr>
<tr><td>丁酉日</td><td>正南</td><td>西北</td><td>正西</td><td>正东</td><td>正西</td><td>正北</td><td>正南</td><td>正北</td></tr>
<tr><td>戊戌日</td><td rowspan="2">平地木</td><td>东南</td><td>东北</td><td>西南</td><td>正北</td><td>正北</td><td>西南</td><td>正南</td><td>正北</td></tr>
<tr><td>己亥日</td><td>东北</td><td>正北</td><td>西南</td><td>正南</td><td>正北</td><td>东南</td><td>正南</td><td>正北</td></tr>
<tr><td>庚子日</td><td rowspan="2">壁上土</td><td>西北</td><td>东北</td><td>西南</td><td>西南</td><td>正东</td><td>东北</td><td>正北</td><td>正南</td></tr>
<tr><td>辛丑日</td><td>西南</td><td>东北</td><td>正南</td><td>西南</td><td>正东</td><td>正北</td><td>正北</td><td>正南</td></tr>
<tr><td>壬寅日</td><td rowspan="2">金箔金</td><td>正南</td><td>正东</td><td>东南</td><td>西北</td><td>正南</td><td>西北</td><td>正北</td><td>正南</td></tr>
<tr><td>癸卯日</td><td>东南</td><td>东南</td><td>正东</td><td>正西</td><td>正南</td><td>西南</td><td>西北</td><td>东南</td></tr>
<tr><td>甲辰日</td><td rowspan="2">覆灯火</td><td>东北</td><td>西南</td><td>东北</td><td>东南</td><td>东北</td><td>东南</td><td>西北</td><td>东南</td></tr>
<tr><td>乙巳日</td><td>西北</td><td>西南</td><td>正北</td><td>东南</td><td>东北</td><td>东北</td><td>西北</td><td>东南</td></tr>
<tr><td>丙午日</td><td rowspan="2">天河水</td><td>西南</td><td>正西</td><td>西北</td><td>正东</td><td>正西</td><td>正北</td><td>正东</td><td>正西</td></tr>
<tr><td>丁未日</td><td>正南</td><td>西北</td><td>正西</td><td>正东</td><td>正西</td><td>正北</td><td>正东</td><td>正西</td></tr>
<tr><td>戊申日</td><td rowspan="2">大驿土</td><td>东南</td><td>东北</td><td>西南</td><td>正北</td><td>正北</td><td>西南</td><td>正东</td><td>正西</td></tr>
<tr><td>己酉日</td><td>东北</td><td>正北</td><td>西南</td><td>正南</td><td>正北</td><td>东南</td><td>西南</td><td>东北</td></tr>
<tr><td>庚戌日</td><td rowspan="2">钗钏金</td><td>西北</td><td>东北</td><td>西南</td><td>西南</td><td>正东</td><td>东北</td><td>西南</td><td>东北</td></tr>
<tr><td>辛亥日</td><td>西南</td><td>东北</td><td>正南</td><td>西南</td><td>正东</td><td>正北</td><td>西南</td><td>东北</td></tr>
<tr><td>壬子日</td><td rowspan="2">桑柘木</td><td>正南</td><td>正东</td><td>东南</td><td>西北</td><td>正南</td><td>西北</td><td>东北</td><td>西南</td></tr>
<tr><td>癸丑日</td><td>东南</td><td>东南</td><td>正东</td><td>正西</td><td>正南</td><td>西南</td><td>东北</td><td>西南</td></tr>
<tr><td>甲寅日</td><td rowspan="2">大溪水</td><td>东北</td><td>西南</td><td>东北</td><td>东南</td><td>东北</td><td>东南</td><td>东北</td><td>西南</td></tr>
<tr><td>乙卯日</td><td>西北</td><td>西南</td><td>正北</td><td>东南</td><td>东北</td><td>东北</td><td>正西</td><td>正东</td></tr>
<tr><td>丙辰日</td><td rowspan="2">沙中金</td><td>西南</td><td>正西</td><td>西北</td><td>正东</td><td>正西</td><td>正北</td><td>正西</td><td>正东</td></tr>
<tr><td>丁巳日</td><td>正南</td><td>西北</td><td>正西</td><td>正东</td><td>正西</td><td>西北</td><td>正西</td><td>正东</td></tr>
<tr><td>戊午日</td><td rowspan="2">天上火</td><td>东南</td><td>东北</td><td>西南</td><td>正北</td><td>正北</td><td>西南</td><td>东南</td><td>西北</td></tr>
<tr><td>己未日</td><td>东北</td><td>正北</td><td>西南</td><td>正南</td><td>正北</td><td>东南</td><td>东南</td><td>西北</td></tr>
</table>

（续表）

庚申日	石榴木	西北	东北	西南	西南	正东	东北	东南	西北
辛酉日		西南	东北	正南	西南	正东	正北	正南	正北
壬戌日	大海水	正南	正东	东南	西北	正南	西北	正南	正北
癸亥日		东南	东南	正东	正西	正南	西南	正南	正北

【注释】

①六十花甲子纳音：就是把六十花甲子与声律中的五音、十二律和六十音相配合，借用律吕“八八为伍，旋相为宫”的相生之法，推出六十花甲子各自的五行属性。五音即宫、商、角、徵、羽。十二律即黄钟、大吕、太簇、夹钟、姑洗、仲吕、蕤宾、林钟、夷则、南吕、无射、应钟。古人认为五音也具有五行属性，即：宫属土，商属金，角属木，徵属火，羽属水。五音的五行属性又决定了十二律也各有其阴阳五行属性。一律含五音，十二律纳六十音，“纳音”就是将声律中“八八为伍，旋相为宫”的相生方法改变为“同类娶妻，隔八生子”的推演方法，完成五音与五行的对应配合。五音开始于宫，干支开始于甲子。宫属土，土生命，所以甲子为之仲。乙丑为甲子之阴，必须从阳、为甲子之妻，因此乙丑也为金。隔八生子为壬申，壬申为金之孟。壬申娶同位的癸酉，也为金，壬申隔八生下庚辰，为金之季。庚辰娶同位的辛巳，也为金，庚辰隔八生下戊子……如此推下去，即可完成六十花甲子纳音。对此，古歌有云：

甲子乙丑海中金，丙寅丁卯炉中火，

戊辰己巳大林木，庚午辛未路旁土。

（下略，详见表中左侧两栏。）

看阳宅要诀

大凡学阳宅，入门最易，精妙处全在学者用心细究，无不明通。先将乾、坎、艮、震、巽、离、坤、兑八方记清，再分四正、四隅门。四正门者，乃正东、正西、正南、正北；四隅门者，乃是东北、东南、西北、西南，四角之方是也。再将“大游年”“七星歌”记熟，安在八方门上顺布。

假如坐南向北四方宅，大门在西北，即是乾门，用“乾六天五祸绝延生”之句，大门是乾，坎宫是六，艮宫是天，震宫是五，巽宫是祸，离宫是绝，坤宫是延，兑宫是生。下余七门，皆从大门上顺布。《游年七星歌》再分东四、西四宅。坎、离、震、巽为东四，乾、坤、艮、兑为西四。凡东四大门，总要配东四主房，西四大门亦要配西四主房。或东四犯西四，或西四犯东四皆主不吉。后列七星临八卦图与游年歌，再加左辅、右弼，共是九星，名为八门套九星，内有九星之吉凶，令学者一看便知。再分静宅、动宅、变宅、化宅，皆不出乎八门九星、五行生克之理耳。今略补当要几条，令学者入门后，若再有不明之处，可看《阳宅大全》或《阳宅爱众篇》，其讲究甚详。至欲求其精妙，要在善学者自悟云尔。

大游年歌

乾六天五祸绝延生，**巽**天五六祸生绝延。
坎五天生延绝祸六，**离**六五绝延祸生天。
艮六绝祸生延天五，**坤**天延绝生祸五六。
震延生祸绝五天六，**兑**生祸延绝六五天。

七星临八卦图

七星臨八卦圖		
巽 天 五 門離坤 延震 兑六 艮坎乾 絶 生 禍	天 離 六 巽門坤 生震 兑五 艮坎乾 禍 延 絶	五 六 坤 巽離門 禍震 兑天 艮坎乾 生 絶 延
延 生 禍 巽離坤 震門 兑絶 艮坎乾 六 天 五	門為宅主房為賓 門轉星移定君臣 吉星顯耀多福慶 凶方崇高招災祲	六 五 天 巽離坤 絶震 門兑 艮坎乾 延 禍 生
絶 禍 生 巽離坤 六震 兑延 門坎乾 艮 五 天	生 延 絶 巽離坤 天震 兑禍 艮門乾 五 坎 六	禍 絶 延 巽離坤 五震 兑生 艮坎門 大 六 乾

九星[1]所属阴阳吉凶

生气[2]：贪狼木星，属阳，上吉。
天乙[3]：巨门土星，属阳，次吉。
延年[4]：武曲金星，属阳，次吉。
绝命[5]：破军金星，属阴，大凶。
五鬼[6]：廉贞火星，属阴，大凶。
六煞[7]：文曲水星，属阴，次凶。
祸害[8]：禄存土星，属阴，次凶。
左辅：属阴木，次凶。
右弼：所属无定，其吉凶亦无定。

【注释】

①九星：此九星指贪狼星、巨门星、禄存星、文曲星、武曲星、廉贞星、破军星、左辅星、右弼星。

②生气：丛辰名，福神。

③天乙：星名，又名“天一”。

④延年：星名。

⑤绝命：星名。

⑥五鬼：二十八宿中鬼宿的第五星，恶煞。

⑦六煞：星名。

⑧祸害：星名。

九星吉凶年限应验歌

五鬼应在寅午戌，六煞原来申子辰。

延年绝命巳酉丑，天乙祸害是土神。
生气吉凶亥卯未，左辅阴木合局论。
惟有右弼无生克，休咎翻随向星云。

子息多寡歌

贪生五子巨三郎，武曲金星四子强。
独火廉贞儿两个，辅弼只是半儿郎。
文曲水星多一子，破军绝败守孤孀。
禄存高大丁难盛，九星得位照此详。

分房兴败歌

贪兴长子巨兴中，武曲小房定峥嵘。
文败中男禄败少，损破长子受贫穷。
左辅高大旺妇女，右弼吉凶看向星。
水一火二木三数，金四土五论克刑。

年神方位图①

图内天干地支皆不动，惟有紫白九宫，一年一移。力士、奏书四隅星三年一移。有年干五鬼，有年支五鬼，以下神煞后边俱有起法，无凶煞者写“空”字，使学者一见便知。

太岁在甲子 干水支土 纳音属金 德在甲，合在己 甲己上宜 修造取土

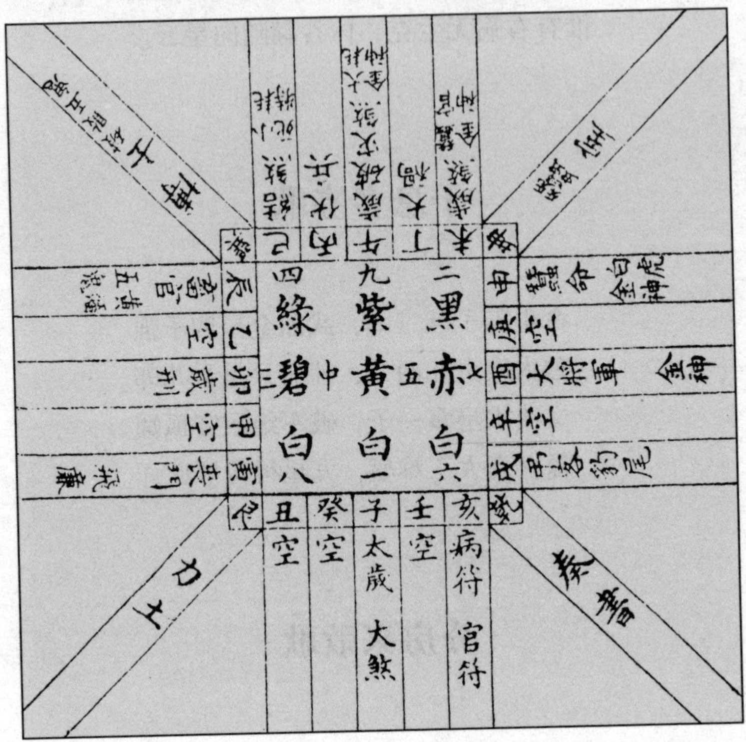

太岁坐本年地支，一年一宫，众煞随岁君而转移。“洛书九宫图”戴九履一，二四为肩，六八为足，左三右七，五黄居中。

【注释】

①年神方位图：图中的九格方阵，称为“年九宫”，又称“九宫飞位”或“九星术”。它是把洛书的方阵各数加上颜色名称，分配在年、月、日下，配合八卦方位，用来判定日时和人事吉凶的一种方法。《洛书》图像见下页。

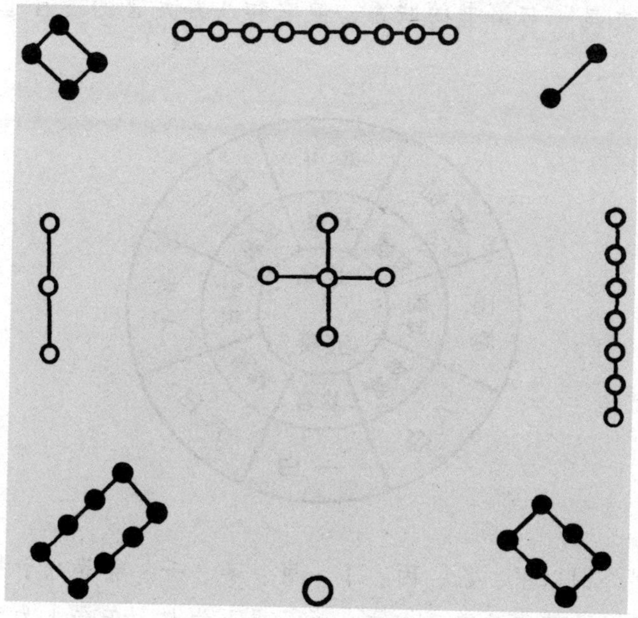

洛书用数字1—9排列成一个方阵，其纵、横、斜三数相加之和都为15。即：

四　九　二

三　五　七

八　一　六

再用九种颜色来表示这九个数，即是：

一	二	三	四	五	六	七	八	九
白	黑	碧	绿	黄	白	赤	白	紫

这就叫作“九星”。其中紫、白者为吉，九紫尤佳，为大吉；碧、绿、黄、黑、赤者均为凶。依据洛书的排列方式，得到“九星图”，如下图。

四 绿	九 紫	二 黑
三 碧	五 黄	七 赤
八 白	一 白	六 白

由于“九星”与洛书的联系，使它和八卦九宫的各宫也发生了对应关系。如图：

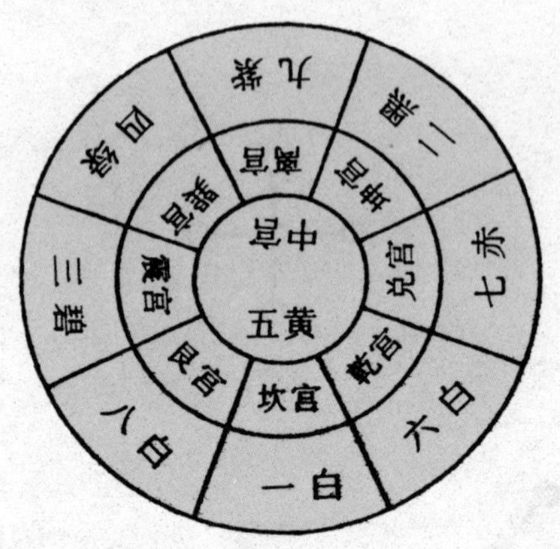

年九宫外围以甲、乙、丙、丁、庚、辛、壬、癸等八干和十二支及乾、艮、巽、坤等四卦表示方位。如子居下为北，午居上为南，卯居左为东，酉居右为西；乾为西北，艮为东北，巽为东南，坤为西南等，共二十四个方位。方位外围以本命神将的名号与一定的方位相对应，按十二支的年分定方向，循环排列。其对应关系如下表：

年神方位表

年地支／年神	子	丑	寅	卯	辰	巳	午	未	申	酉	戌	亥
岁德	巳	午	未	申	酉	戌	亥	子	丑	寅	卯	辰
太岁	子	丑	寅	卯	辰	巳	午	未	申	酉	戌	亥
岁破	午	未	申	酉	戌	亥	子	丑	寅	卯	辰	巳
大将军	酉	酉	子	子	子	卯	卯	卯	午	午	午	酉
奏书	乾	乾	艮	艮	艮	巽	巽	巽	坤	坤	坤	乾
博士	巽	巽	坤	坤	坤	乾	乾	乾	艮	艮	艮	巽
力士	艮	艮	巽	巽	巽	坤	坤	坤	乾	乾	乾	艮
晦气	巳	寅	亥	申	巳	寅	亥	申	巳	寅	亥	申

（续表）

年神＼年地支	子	丑	寅	卯	辰	巳	午	未	申	酉	戌	亥
蚕　室	坤	坤	乾	乾	乾	艮	艮	艮	巽	巽	巽	坤
蚕　官	未	未	戌	戌	戌	丑	丑	丑	辰	辰	辰	未
蚕　命	申	申	亥	亥	亥	寅	寅	寅	巳	巳	巳	申
丧　门	寅	卯	辰	巳	午	未	申	酉	戌	亥	子	丑
太　阴	戌	亥	子	丑	寅	卯	辰	巳	午	未	申	酉
官　符	辰	巳	午	未	申	酉	戌	亥	子	丑	寅	卯
白　虎	申	酉	戌	亥	子	丑	寅	卯	辰	巳	午	未
黄　幡	辰	丑	戌	未	辰	丑	戌	未	辰	丑	戌	未
豹　尾	戌	未	辰	丑	戌	未	辰	丑	戌	未	辰	丑
病　符	亥	子	丑	寅	卯	辰	巳	午	未	申	酉	戌
死　符	巳	午	未	申	酉	戌	亥	子	丑	寅	卯	辰
劫　煞	巳	寅	亥	申	巳	寅	亥	申	巳	寅	亥	申
灾　煞	午	卯	子	酉	午	卯	子	酉	午	卯	子	酉
岁　煞	未	辰	丑	戌	未	辰	丑	戌	未	辰	丑	戌
伏　兵	丙	甲	壬	庚	丙	甲	壬	庚	丙	甲	壬	庚
岁　刑	卯	戌	巳	子	辰	申	午	丑	寅	酉	未	亥
大　煞	子	酉	午	卯	子	酉	午	卯	子	酉	午	卯
飞　廉	申	酉	戌	巳	午	未	寅	卯	辰	亥	子	丑
破败五鬼	巽	艮	坤	震	离	坎	兑	乾	巽	艮	坤	震

紫白五行歌①

一白属水二黑土，三碧四绿皆为木。
五黄土星居中位，六白七赤二金居。
八白阳土九紫火，飞临中宫挨数数。

【注释】

①紫白五行歌：这是把“九色”和五行相配合。配合的结果如下表。

一白	二黑	三碧	四绿	五黄	六白	七赤	八白	九紫
水	土	木	木	土	金	金	土	火

洛书九宫顺行图①

三白星落地，是第一宫。如起第二宫，将一白移于二黑上，二黑移于三碧上，三碧移于四绿上，四绿移于五黄上，五黄移于六白上，六白移于七赤上，七赤移于八白上，八白移于九紫上。一月移一宫，至九月又换第一宫。

【注释】

①洛书九宫顺行图：五黄土星居中宫的格式如果永久不变，就毫无意义了。在古代择吉术中，九星的位置是按照一定的规律逐次改变式样的。九星运行的规律，是把九星图各区（宫）的数字各减一，换上相应的星名即可。例如中宫是“五黄土星”，减一得四，即为四绿木星，这就是次年、次月或次日的中宫，一白水星减一为零，这就回到九紫火星。

如此顺序循环，就得出下面九个图形（从第一宫到第九宫）。

第七宫			第四宫			第一宫		
赤	碧	黃	白	白	白	四綠	九紫	二黑
白	白	白	紫	黑	綠	三碧	中黃五	赤七
黑	綠	紫	黃	赤	碧	白八	白一	白六
第八宫			第五宫			第二宫		
白	黑	綠	紫	黃	赤	三碧	八白	一白
黃	赤	紫	白	白	碧	二黑	中綠四	白六
白	碧	白	綠	白	黑	赤七	紫九	黃五
第九宫			第六宫			第三宫		
黃	白	碧	白	綠	白	二黑	七赤	九紫
綠	白	白	赤	紫	黑	一白	中碧三	黃五
紫	黑	赤	碧	黃	白	白六	白八	綠四

三元[①]年白歌

上元甲子一白求，中元四绿却为头。
下元七赤居中位，逆寻年分顺宫游。

即如上元甲子，将一白加入中五宫，二黑移在六上，三碧移在七上，四绿移在八上，五黄移在九上，六白移在一上，七赤移在二上，八白移在三上，九紫移在四上为止。

康熙二十三年，上元甲子。

乾隆九年，中元甲子。

嘉庆九年，下元甲子。

【注释】

①三元：即上元甲子，中元甲子，下元甲子。详见前注。三元白法是术数家利用九宫飞位计算三元甲子的方法。清代黄宗羲所著《七怪》一书中称："形法，理之显者也；方位，理之晦者也。三变而为三元白法。方位，一定不易者也；三元白法，随时改换者也。其法即历书所载一白、二黑、三碧、四绿、五黄、六白、七赤、八白、九紫。六十年为一元，三元凡一百八十年。上元起一白，中元起四绿，下元起七赤。"具体计算方法详见正文。

三元月白歌

子午卯酉四年同，正月八白居正中。
寅申巳亥从黑起，入中顺飞列九星。
惟有辰戌丑未岁，正月紫白在本宫。
出正五黄让禄坐，一月一移照此行。

三元日白歌

起例：冬至以后为阳，顺行九宫；夏至以后为阴，逆行九宫。自一白数至九紫，顺行，周而复始，求值日星。

冬至后为阳遁[①]，分三元。冬至前后甲子为上元，雨水前后甲子为中元，谷雨前后甲子为下元。假如上元甲子起一白，乙丑起二黑，丙寅起三碧，丁卯起四绿，戊辰起五黄，己巳起六白，庚午起七赤，辛未起八白，壬申起九紫，癸酉又起一白，周而复始。中元甲子起七赤，乙丑八白，丙寅九紫。下元甲子起四绿，乙丑五黄，丙寅六白，并顺布求值日星，即移入中宫，顺飞八方。

夏至后为阴遁[②]，分三元。夏至前后甲子为上元，处暑前后甲子为中元，霜降前后甲子为下元。假如上元甲子起九紫，乙丑起八白，丙寅起七赤，丁卯起六白，戊辰起五黄，己巳起四绿，庚午起三碧，辛未起二黑，壬申起一白，癸酉又起九紫，周而复始。中元甲子起三碧，下元甲子起六白，并逆布八方。

阳生冬至前后时，顺行甲子一宫移。
雨水便从七宫起，谷雨还从巽上推。
阴生夏至九宫逆，处暑前后三碧疑。
霜降六宫起甲子，逆飞分明十二支。

盖诸家日白之法，错乱舛谬，惟此三白择日之诀，阴阳顺逆，节节相续。殊不知古人移宫接气之义也。

【注释】

①阳遁：太乙、遁甲术按数顺行的布局法。《奇门遁甲·烟波钓叟歌句解》："冬至后用阳遁，顺飞于坎一宫起。如冬至上元阳一局，顺遁，甲子戊起一宫，甲戌己二宫，甲申庚三宫，甲午辛四宫，甲辰壬五宫，甲寅癸六宫，丁奇七宫，丙奇八宫，乙奇九宫，乃仪顺奇逆也。"

②阴遁：太乙、遁甲术按数逆行的布局法。《奇门遁甲·烟波钓叟歌句解》："夏至后用阴遁，逆飞于离九宫起。如夏至上元阴九局，逆遁，甲子戊起于九宫，甲戌己八宫，甲申庚七宫，甲午辛六宫，甲辰壬五宫，甲寅癸四宫，丁奇三宫，丙奇八宫，乙奇九宫，乃逆仪顺奇也。"

三元时白法

起例：冬至以后为阳，顺行起一白、二黑，数至九紫；夏至以后为阴，逆行起九紫、八白，数至一白。

冬至后，子、午、卯、酉四仲日为上元，以甲子时起一白；辰、戌、丑、未四季日为中元，以甲子时起七赤；寅、申、巳、亥四孟日为下元，以甲子时起四绿，并顺布顺行八方。

夏至后，子、午、卯、酉四仲日为上元，以甲子时起九紫；辰、戌、丑、未四季日为中元，以甲子时起三碧；寅、申、巳、亥四孟日为下元，以甲子时起六白，并逆布逆飞八方。

按：时白之法，其例与希夷先生择日之诀同，盖阴阳逆顺，节节相续，得移宫接气之义也。

又，历书云："应三白之方，修作不避大将军、太岁、大小耗、官符、行年本命诸凶煞，并不能为害。惟忌天罡、四旺大煞、月建方，不可动土，又当避入墓、受克、暗建、交剑、斗牛、穿心煞宫，避之则吉。"

年家吉神凶煞之最

太岁坐本年地支，为众煞之君，可坐不可向。与太岁相冲者，是岁破。修岁破即为犯太岁。若所用之月、日、时与太岁相克相冲，亦为犯太岁，犯之则凶。杨仙曰："凶莫凶于犯太岁"，正谓此也。然修坐方亦有可有不可。如太岁所坐之位，左右皆空字，下无凶煞，此乃明君贤相，修则纳福。杨仙曰："吉莫吉于修太岁而叠吉星"，诚则是言也。若所坐之方左右有劫煞、岁煞，下有叠凶煞二三，此君弱臣强，奸相当权，修之则祸。杨仙曰："叠凶星大凶，千古不易。"慎之慎之！

劫煞、灾煞、岁煞，名为三煞，所占一方，可向不可坐，犯之者凶。若有破坏须修营者，不得已而坐三煞，必能克制之，方可免祸。如三煞在南方巳、午、未位，则属火，必俟冬月水旺火衰之时，再用戊申、庚子、甲辰月日时以胜之，上合天干三奇，下合地支水局，再合宅主纳音水命，则三煞降服，方可修补。杨仙曰："若要发，修三煞"，正谓制之而得其欢也。苟不能然，吾宁避之。虽然，若煞在山上，又不得轻言克制也。

岁天干

甲、丙、戊、庚、壬为阳，即岁德。如乙、丁、己、辛、癸为五阴，与合乃是岁德。如乙年，乙与庚合，岁德在庚，合在乙。

甲、丙、戊、庚、壬为岁德，乙、丁、己、辛、癸为岁德，合皆吉。阴为妻，不专制，故止合而无德也，岁禄、岁贵人、山方，皆吉。

岁干克坐山所纳之甲者为正阴符，大凶。

带卦为旁阴符，亦凶。

劫、灾、岁三煞[①]方向

凡盖造房屋，宜避之。

申子辰：煞在南方巳午未[②]，修西房大利，东房次吉。

寅午戌：煞在北方亥子丑，修东房大利，西房次吉。

巳酉丑：煞在东方寅卯辰，修南房大利，北房次吉。

亥卯未：煞在西方申酉戌，修北房大利，南房次吉。

如三煞之根原，乃四大长生内绝、胎、养三方也。如申年或子辰年，乃申子辰合水局，水生在申，沐浴在酉，数至巳午未，即是绝、胎、养，所以三煞在南方，即是巳、午、未三方。如起神煞，安在年神方位申上，即是水局，长生在申，顺数至巳安劫煞，午安灾煞，未安岁煞。下仿此。

长生：

金局长生从巳起，木局长生自亥起。

水局长生临申数（土局同），火局长生由寅起。

四局皆顺布地支。

沐浴：无一定之煞。虽无一定，多与临官相配。

冠带：为豹尾，凶。

临官：为岁德，吉。又为天官符，凶。

帝旺：为金匮，吉。又为打头火，主火烛，凶。若叠太岁，尤凶，为大煞。

衰：无定煞。衰与黄幡相配。

病：为驿马，次吉。病、死之间为马前六害，占向，凶。

死：为皇天炙退。占山、占方，凶。

墓：为黄幡，小凶。

绝：为劫煞，大凶。绝、胎之间为伏兵，在天干下。

胎：为灾煞，大凶。胎、养之间为大祸，在天干下。

养：为岁煞，大凶。

此内三煞最凶，伏兵、大祸次之，天官、打头火、炙退、六害又次之。

右沐浴等煞，易求于阴宅环龙，不便于阳宅。

【注释】

①劫、灾、岁三煞：即下文的劫煞“绝”、灾煞“胎”、岁煞

“养”。术数家、选择家以长生、沐浴、冠带、临官、帝旺、衰、病、死、墓、绝、胎、养为十二宫，其中前七宫为吉，后五宫为凶。

②巳午未：三合之一。下文的“亥子丑”“寅卯辰”“申酉戌”同此。三合，阴阳家用语。十二地支中以三支相合，配以五行中的金、木、水、火，称为“三合”。即：

申子辰三合为水局，

寅午戌三合为火局，

巳酉戌三合为金局，

亥卯未三合为木局。

选择家据以选择吉日良辰或推测人的命运。

十二建星①

即建、除、满至开、闭是也。如子年，子上起建，丑为除，顺数而去；丑年，丑上起建，寅为除。建为岁君，为元神，为众吉众凶之主帅，可坐不可向，在山、在方，叠吉星则大吉，叠凶星则大凶。

建　为太岁，可吉可凶。

除　为四利之太阳，小吉。

满　为天富，小吉；为土瘟，又为四利之丧门，凶；又为飞廉，大凶。

平　为三合，又为土曲，大吉。

定　为岁三合，吉；为魁罡、显星，吉；又为地官符、畜官，凶。

执　为四利之死符；又为小耗、净栏煞，凶。

破　为岁破，又为大耗，大凶。

危　为极富星，为谷将星，又为四利之龙德，大吉。

成　为三合，为天喜，大吉；为飞廉，又为四利之白虎，小凶。

收　为四利之福德，小吉；又为皇帝八座，小凶。

开　为青龙、太阴，为生气、华盖，为官国星，上吉；又为四利之吊客，小凶。

闭　为病符，凶。

右十二星，于选择为大纲，此内平、成、开、危最吉；定、除次吉；破，大凶，其祸最久。

【注释】

①十二建星：又称十二直、建除十二客、十二辰、十二神。有一定次序，即建、除、满、平、定、执、破、危、成、收、开、闭。以十二星主一定的吉凶。十二直安排与破军星所指的方向有关。破军星，即摇光星，为北斗七星斗柄之头之星。建除家以二月节初昏破军星前端所指的卯的方向，把二月卯日的十二直定为“建”。按正月的十二直安排次序，则卯日的十二直为“除”。又以每月节气那天的十二直，重复其前日的十二直。过十二节气即一年后，十二支又和十二直一致。正月寅日的十二直仍复为“建”。又，这里的“月”，指星命家所说的月，以节气起算。

年支五鬼方位逆行地支歌

寅年在寅申在申，一年一宫逆行轮。
卯岁在丑丑在卯，酉年在未未酉存。
戌建居午午居戌，辰岁临子子临辰。
巳年占亥亥五鬼，亥岁冲巳巳鬼临。

金神[①]方位歌

每年地支四金神，惟有乙庚只巳辰。
甲己年午未申酉，丙辛岁卯子丑寅。

丁壬在寅卯戌亥，戊癸居子丑酉申。

【注释】

①金神：从辰名，阴阳家、堪舆家所谓的凶煞。它是太白之精，白兽之神，主兵戈、丧乱、水旱、瘟疫，所理之地忌营建、出行、移徙、嫁娶、赴任。若冲犯金神，祸殃尤甚。金神每年在不同方位：甲己之年在午未申酉，乙庚之年在辰巳，丙辛之年在卯子丑寅，丁壬之年在寅卯戌亥，戊癸之年在子丑酉申。

蚕官、蚕命[①]方位

亥子丑年，蚕官在未，蚕命在申。
寅卯辰年，蚕官在戌，蚕命在亥。
巳午未年，蚕官在丑，蚕命在寅。
申酉戌年，蚕官在辰，蚕命在巳。

【注释】

①蚕官、蚕命：均为年神，随岁方而游之神。此二年神方位详见前《年神方位图》。

力士、奏书、蚕室、博士[①]居四隅卦

太岁在南方，坐巳午未位，力士居坤宫，奏书居巽宫，蚕室居艮宫，博士居乾宫。

太岁在西方，坐申酉戌位，力士居乾宫，奏书居坤宫，蚕室居巽宫，博士居艮宫。

太岁在北方，坐亥子丑位，力士居艮宫，奏书居乾宫，蚕室居坤宫，博士居巽宫。

太岁在东方，坐寅卯辰位，力士居巽宫，奏书居艮宫，蚕室居乾宫，博士居坤宫。

【注释】

①力士、奏书、蚕室、博士：均为年神，其方位详见前《年神方位图》。

年干破败五鬼[1]方位歌

甲壬二岁居巽方，乙癸须知艮宫藏，
丙坤丁震戊离位，己坎辛乾庚兑防。

右五者，默识固妙，否则看宪书《年神方位图》。以上诸煞，大煞避之，中煞制之，小煞纷纷，不必论也。制煞之要，古语有云："干犯干制，支犯支制，三合犯三合制，纳音犯纳音制，化煞犯化煞制，飞宫[2]犯飞宫制。"此确论也。然制之之诀全看月令，必本煞衰月制煞，旺月乃可。惟太岁、炙退另论。

诸煞聚会之方则勿犯。

煞与太岁同宫则勿犯，犯之则犯岁君矣。

金神煞属金，戊己煞属土，丙丁煞属火，从干自具五行也。其余诸煞在寅卯辰方，属木；在巳午未方，属火；在申酉戌方，属金；在亥子丑方，属水随方以分五行也。辨衰旺克制仿此。

【注释】

①破败五鬼：年神，其方位详见前《年神方位图》。

②飞宫：术数家用语，指九星循环，分别飞于各宫。

大将军[①] 歌诀

寅卯辰年坐子宫，巳午未岁寄卯东。
申酉戌将占午位，亥子丑年居酉中。

【注释】

①大将军：年神，其方位详见前《年神方位图》。

论将军[①] 方位

大将军与宰相同权，居子午卯酉四正位[②]，一坐三载。但每月吊替出巡，轮转九宫，周而复始，非三年静坐一处也。正在本位，固不宜修，即出巡之所，亦当月避，卜其本位，宪书可查。若寻其宫所，须用五虎遁法。如不晓遁法，看宪书正月天干，用掌诀飞宫。如丙寅年正月是庚寅，则是庚子将军。若四月修造，以飞宫掌诀，将月建癸巳入中宫，顺飞庚子到震，此是行宫将军到也，修东为犯行宫将军，修北却不犯。五月修造，即以月建甲午入中宫，顺飞庚子到坤，修西南为犯行宫将军，修北亦不犯。若六月修造北方，以月建乙未入中宫，顺飞庚子到坎，是合寅卯辰年，将军临于北地为正煞，犯之最凶。知此，余可类推。

【注释】

①将军：即年神中的大将军。
②居子午卯酉四正位：详见前《年神方位图》。

月家凶煞之最

惟大月建①大凶、大恶，占山、占向、占方、占中宫，俱凶，动土更凶，修造犯之，主损家长。

【注释】

①月建：即以干支记月。特指十二支而言，如建子、建丑等，意为某月为子、某月为丑等。又，建乃北斗星斗柄所指的方位。斗柄旋转所指的十二辰叫“十二月建”。月份有大小，则称“大建”“小建”，或“大月建”“小月建”。

大月建歌

甲庚丁癸起艮乡艮宫起正月，乙辛戊年起中央中宫起正月。

丙壬己年坤位发坤宫起正月，逆走九宫定建方。

小儿煞歌

阳起中宫阴起离阳年中宫起正月，阴阳二年皆顺推。

一月一宫周复始，逢临莫修凶可避。

小儿煞大凶，占山、占向、占方，皆宜避，修造犯之，主伤十五岁以下幼童。

禳解小儿煞法

小儿煞，如小儿不知天地尊卑之分，故修造动土须宜避之。倘不知而误犯，宜用五色连丝纸，剪天宝带，彩色灿烂，令小儿欢悦，自不为祸。择危、毕、心、张、太阴星宿日，晚上祭之，遇十五日望前后得月光明亮，能照满室更佳。或用母仓日育之，则母到子喜，亦能化凶为吉。但余心不忍坐视其履汤滔火，有此一救耳。万不可见有此解而故犯之，以施其巧、逞其能，使人行险而遭祸。慎之！慎之！

飞宫掌诀图（附：飞宫祖洛书）

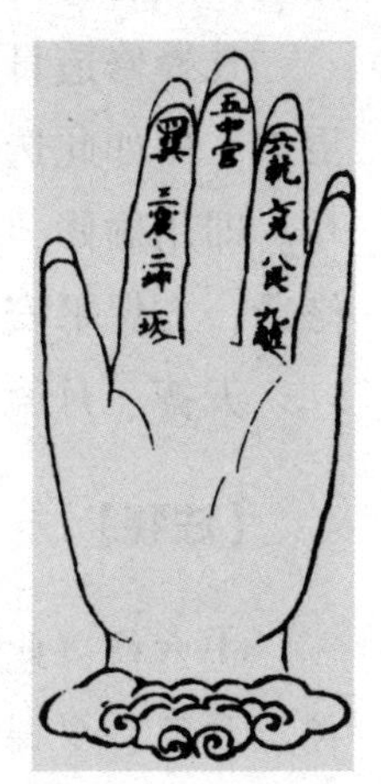

飞宫掌诀出自奇门，甚为简便。其法：用左手中三指，先从食指下第一节纹上排一白坎宫，第二节纹上排二黑坤宫，第三节纹上排三碧震宫，指甲顶前排四绿巽宫，中指顶甲前排五黄中宫，无名指顶甲排六白乾宫，下第三纹上排七赤兑宫，又下第二纹上排八白艮宫，终下第一纹上排九紫离宫。如用某星入中宫，即将此星加入中指顶甲前五黄上。应顺轮者，则由中指轮到无名指第四节顶甲前乾宫，顺推下去。应逆轮者，则由中指轮到食指第四节顶甲前巽宫，逆推下去。假如轮到一白坎宫上，则此星到坎也。其余仿此。

惟大将军排掌，专于中宫月建、儿煞，因年取卦，不一定也，当辨。

附：飞宫祖洛书

坤二兑七乾六，
离九中五坎一，
巽四震三艮八。
照数挨数。

六德[1] 详解

每见《万年书》监首载“六备能解诸凶，知六德为择日要务”。又于《宪书·月令》内见“天德在处，皆宜修造取土”。更知为修造择月之第一要务也。盖天德随天道，择修造方向以天德为主，即是按天道行也，而房之四正四隅，亦于是仿矣。天德是跟天道，月德是三合月旺，岁德是岁君天干，此三德之吉不与别吉相同，乃与三德相合者，吉与三德同，故名为六德也。

凡择修造日期，遇六德皆吉，六德内再遇天恩、月恩、天赦、母仓更吉。然如此选择，是就空利方而言，倘方不空利，又当用大小偷修耳。即用偷修，亦当避去大小月建、小儿煞，然后再择神煞出游日并功修造，方保平安。慎之！慎之！

天德、月德、天恩、月恩、天赦、母仓，俱开列于后。

【注释】

①六德：此处指天德、月德、天恩、月恩、天赦、母仓。一说指天德、月德、岁德和天德合、月德合、岁德合。

天德歌

正丁二坤宫，三壬四辛同。
五乾六甲上，七癸八艮中。
九丙十居乙，子巽五在庚。

月德歌

寅午戌月丙为德，亥卯未局甲旺时。
申子辰逢壬水是，巳酉丑庚金生辉。

三德相合

甲与己合乙逢庚，丙辛丁壬戊癸同。
三德遇合为吉日，修造动土解诸凶。

天恩[①]吉日

甲子、乙丑、丙寅、丁卯、戊辰、己卯、庚辰、辛巳、壬午、癸未、己酉、庚戌、辛亥、壬子、癸丑。

【注释】

①天恩：为月令神煞系统中的神煞。月令神煞系统是根据月建和四时而构成的。天恩，从辰名，吉神。

月恩[①] 吉日

正[②]寅生丙为月恩，二卯逢丁三庚真。
四月生己五月戊，六辛七壬八癸存。
九庚十月乙木是，十一甲上十二辛。
俱是月支生天干，干受支生为月恩。

【注释】

①月恩：从辰名，指月建所生之干。子母相从，故名正月建寅，阳木，生丙，阳火；二月建卯，阴木，生丁，阴火。余类推：三月庚，四月己，五月戊，六月辛，七月壬，八月癸，九月庚，十月乙，十一月甲，十二月辛。此日宜营造、嫁娶、移徙、祭祀、上官、纳财。

②正：正月。下文的数学二、三、四等均为月份。

天赦[①] 吉日

春戊寅，夏甲午，秋戊申，冬甲子。

【注释】

①天赦：从辰名，为赦宥罪过之辰。《协纪辨方书》云："天赦者，赦过宥罪之辰也。"每季各有一天，即立春后戊寅（土木）日，立夏后

甲午（木火）日，立秋后戊申（土金）日，立冬后甲子（木水）日。此四日干支相生，天地和平，故为大吉之日。此日又被认为是百神上天之日，无所禁忌。

母仓[①]吉日

春亥子，夏寅卯，秋辰戌丑未，冬申酉。土王用事[②]后巳午日。

【注释】

①母仓：从辰名，吉神。每年春亥子、夏寅卯、秋辰戌丑未、冬申酉，和土王用事后巳午日当值。

②土王用事：土王，土气旺盛。王，即“旺”。阴阳家认为，木旺于春，火旺于夏，金旺于秋，水旺于冬。唯土于四时，无时不在，故在四时各寄旺十八日，合计七十二日，称土王用事。土王用事的日期从立春、立夏、立秋、立冬开始，上推十八日。

太岁神煞出游日[①]偷修

甲子日东游，己巳日还位；
丙子日南游，辛巳日还位；
戊子日游中宫，癸巳日还位；
庚子日西游，乙巳日还位；
壬子日北游，丁巳日还位。
凡用偷修，务须还位头日完工。

大偷修日

壬子、癸丑、丙辰、丁巳、戊午、己未、庚申、辛酉，以上八日，凶神朝天，可并工修造。

郑氏曰："丙辰、丁巳、戊午、己未、庚申、辛酉，以上六日，八方俱白，凡有动作等事皆无防。"

【注释】

①太岁神煞出游日：神煞出游的日子，须避忌。《格遵宪度》认为："太岁为人君之象，首列地祇之尊；地祇理从地支，故以五子日干为所往之方。如甲为东方木，故甲子日东游；丙为南方火，故丙子日南游；庚为西方金，故庚子日西游；壬为北方水，故壬子日北游；戊为中央土，故戊子日游中宫。五者，生数之极，故各出游五日，合计五五二十五日。"

用日法[1]

日贵旺相得令，忌休囚无气，而日干尤重。

日之吉凶，全看衰旺，日之衰旺，全看月令。当令者旺，受生者相，皆大吉。克月令者死，受克于月令者囚，皆凶日。来生月者衰，亦不吉。故母仓非上吉。

寅卯月以甲乙寅卯为旺，丙丁巳午为相。

巳午月双丙丁巳午为旺，戊己辰戌丑未为相。

申酉月以庚辛申酉为旺，壬癸亥子为相。

亥子月以壬癸亥子为旺，甲乙寅卯为相。

辰戌丑未月以戊己为旺，庚辛申酉为相。

此内惟戊己日难用，动土者最忌之。修中宫更宜忌之。所谓中宫者，四围有屋，则中间之屋是也。盖中宫本属土，用戊己土日则助起土煞，故不吉也。若辰戌丑未月修，尤忌戊己日也。

【注释】

①用日法：用日法涉及四季的旺、相、休、囚、死，而四季的旺、相、休、囚、死又和五行的旺、相、休、囚、死密切相关。阴阳家认为，在春、夏、秋、冬四个季节里，每个季节都有一个五行处于“旺”，一个五行处于“相”，一个五行处于“休”，一个五行处于“囚”，一个五行处于“死”的状态。旺、相、休、囚、死的具体含义是：

旺　处于旺盛状态；

相　处于次旺状态；

休　休然无事，相当于赋闲；

囚　衰落被囚；

死　被克制而生气全无。

五行在四季中的旺、相、休、囚、死的情形如下表。

春	木旺	火相	水休	金囚	土死
夏	火旺	土相	木休	水囚	金死
秋	金旺	水相	土休	火囚	木死
冬	水旺	木相	金休	土囚	火死

阴阳家依据五行和十二支和十干的关系，又对月中日的旺、相、休、囚、死做了规定。日的旺、相、休、囚、死见正文。

地支六冲[①]凶日

冲破者，日与月冲，或与岁君冲，皆凶。

子午相冲，丑未相冲，寅申相冲，卯酉相冲，辰戌相冲，巳亥相冲。

【注释】

①地支六冲：阴阳家用语。指十二支中，各支之间隔五相冲克（见正文）。此六冲，方位相对，五行相克，阴阳不配，故选择家、星命家均据此判断时日之吉凶。

论四废荒芜凶日

正四废，大凶，谓干支俱无气也；傍四废，更凶，或支无气，或干无气也。

春月忌庚辛戊己干，申酉支，

夏月忌壬癸庚辛干，亥子申酉支，

秋月忌甲乙丙丁干，寅卯巳午支，

冬月忌丙丁干，巳午支，

荒芜日，次凶，与四废大同小异，亦是失令休囚，但用三合、五行又一月，止荒一字耳。如春三月则以巳、酉、丑为荒芜，夏三月以申、子、辰为荒芜，秋三月以亥、卯、未为荒芜，冬三月以寅、午、戌为荒芜。然正月止忌巳日、二月止忌酉日、三月止忌丑日为准，余三季仿此。四废、荒芜相兼，尤凶。春月酉日，夏月子日，秋月卯日，冬月午日，更宜避之。

占每年十二个月节候丰稔歌

正月　岁朝宜黑四边天，

大雪纷纷是旱年。上元日晴，宜百果。

但得立春晴一日，

农夫不用力耕田。

二月 惊蛰闻雷米似泥，
春分有雨病人稀。社日雨，年丰果少。
月中但得逢三卯，
处处棉花豆麦宜。

三月 风雨相逢初一头，
沿村瘟疫万人忧。初三日雨，宜蚕。
清明风若从南至，
定是农家有大收。

四月 立春东风少病疴，
晴逢初八果生多。初四日雨，谷贵。
雷鸣甲子庚辰日，
定是蝗虫侵损禾。初八日雨，年丰果少。

五月 端阳有雨是丰年，
芒种闻雷美亦然。夏至日雨，年丰。
夏至风从西北起，
瓜蔬园内受熬煎。

六月 三伏之中逢酷热，
五谷田中多不结。
此时若不见灾危，
定主三冬多雨雪。

七月 立秋无雨是堪忧，
万物从来只半收。立秋日小雨，吉。
处暑若逢天下雨，

纵然结实也难留。大雨，伤禾。

八月　秋分天气白云多，
处处欢歌好晚禾。社日雨，来年丰。
只怕此时雷电闪，
冬来米价道如何？

九月　初一飞霜侵损民，
重阳无雨一冬晴。重九日雨大，宜收禾。
月中火色人多病，
更遇雷声菜价增。

十月　立冬之日怕逢壬，
来岁高田枉费心。十五日晴，冬暖。
此日更逢壬子日，
灾伤疾病损人民。十六日晴，柴炭平。

十一月　初一西风盗贼多，
更兼大雪有灾魔。
冬至天晴无日色，
来年定唱太平歌。

十二月　初一东风六畜灾，
若逢大雪旱年来。
但遇此日晴明好，
吩咐农家放心怀。

占元旦日阴晴[①]

元旦日，天色晴明，气候熙和，主国泰民安，五谷丰登，人少疾，牺牲旺，盗贼息。

阴雨，人秧田禾水涝，六畜不兴，花果不实。

暴风，主盗贼生，禾不登，六畜灾，又主旱，蔬菜少。

大雪，年内谷麦蕃盛，牛羊犬灾，果花少，米谷贱，鱼贵，人安。

霞气，主蝗虫生，丝蚕少，果木多，蔬菜盛，妇人多灾。

雾重，主年内男子瘟，小儿灾，丝蚕广，雨水调。

雨电，主妖，主贼人生疮疱。月内电，候气逆乱，阴阳反错；初人有灾。

风雨，飞砂走石，主丝贵，禾荒。

四方有黄气，田禾大熟；白气，凶；青气，生蝗；赤气，旱；黑气，大水。

【注释】

①占元旦日阴晴：从本篇至下面的《天文日月》篇是占天，即根据天文预测气象的方法。这种根据天文预测气象的方法，古时称为“占天术”。占天，主要是根据天文预测气象，有时也根据天象的变化预测人事的吉凶祸福。（以世间的灾异或人事的吉凶去占天道、察天意，也称“占天”）

占元旦值十干日

值甲，米贱，人疫。

值乙，米、麦贵，人病。

值丙，有四十日旱。又云主四月旱。

值丁，丝麻贵。

值戊，粟、麦、鱼、盐贵，又主旱。

值己，米贵，蚕少，多风雨。

值庚，金、铁贵，禾熟，人病。

值辛，麻、麦贵，禾熟。

值壬，米、麦贱，绢、布、大豆贵。

值癸，禾秧，人疫，多雨。

占上旬丙子日

甲子丰年丙子旱，戊子蝗虫庚子乱。

惟有壬子水滔天，俱在正月上旬看。

占四季甲子日雨

春甲子，雨，牛羊冻死；

夏甲子，雨，撑船入市；

秋甲子，雨，禾头生耳；

冬甲子，雨，雪飞千里。

占雷鸣日

雷初起艮方①，籴贱；起震方，岁丰，棺木贵；起巽方，虫生；起离方，主旱；起坤方，蝗虫灾；起兑方，金、铁贵；起乾方，国泰，民有灾；起坎方，岁多雨。

五月雷鸣人不炊，秋多雷五谷不实。
冬雷震惊五谷成，人不安宁刀兵起。

【注释】

①艮方：即东北方。

入霉出霉[①]日

三月为迎霉雨，五月为送霉雨，芒种后逢丙日入霉，小暑逢未日天晴出霉，如阴反霉。又云："雨打小暑头，黄霉倒转流。"

【注释】

①入霉出霉：即进入梅雨期和梅雨期过去。霉，同"梅"。

占立春日

天气晴明百物成，阴雨主涝。东有积云，其岁丰熟。东风谷贱，人民平安；西风主旱，谷贵盗生；南风畜安；北风水淹。

阴阳一气光，造化总由天。
但看立春日，甲乙是丰年。
丙丁遭大旱，戊己好收田。
庚辛人不静，壬癸水连天。

占春分日[1]

东有青云，宜麦；若晴明无云，万物不成，民多热病；西风，麦贵；东风，麦贱，岁丰；南风，五月先水后旱；北风，米谷贵。

【注释】

①占春分日：这里是以立春（见上篇《占立春日》）、春分日的天气情况——其中主要是风向和当值日干，来预测当年的农业收成。有一定的道理。其中的甲乙、丙丁等为当值日干。

占立夏日

立夏日大晴，其年必旱。东风，五谷收，人民安。南风，人有疾病，苗稼亢旱。西风，牛羊六畜灾。北风，鱼虾广出。

若巳时有东西风，十日内青气现，又有东南风，其年大熟。如青气不现，其年多大风，十日应之，万物大伤。北风，水泉涌，地动，人疫。西风，蝗虫起，人有灾。东风，主有雷，非时击物。

占夏至日

夏至逢丙寅、丁卯日，粟贵，其日午时，南方有赤云状如马者，名离宫[1]正气，主五谷丰。如赤云不见，其岁五谷不成，人患眼疾，又主旱。南风，大热。北风，山田旱。西南风，六月水横流，人殃。西风，秋多大雨。东风，八月人病。北风，米大贵。晦日[2]风雨，主来春米贵。

【注释】

①离宫：在南方。在八卦方位中，离卦在南方。

②晦日：农历每月的最后一日。

占立秋日

立秋日，雷鸣，禾缺收，其日雨，菜熟。东风，人疫，草木更荣。南风，秋旱。西风，大雨。北风，东多云。申时西南有赤云，宜粟。无云，万物不成。地震，牛羊死，来春旱。交霜降一日下霜，主冬至后风雨寒冻。八月朔日[1]阴暗，来年丰。果木开花，来年主旱。秋甲子日雨，秋有六十日雨。九月九日是雨，归路日有雨，来年丰。

【注释】

①朔日：农历每月初一。

占秋分日

秋分日晴明，万物不生，有小雨，天阴，吉。其日酉时有风，有白云如羊者，正气至也，宜稻，年丰。白气并杂气浑者，芝麻收。有霜，人有疾病，应在来年二月。东风，五谷、万物不实，谷贵。西风，民安岁稔。西北风，有劫惊。东南风，主暴风至。北风，多寒冻。东北风，主十一月久阴。晦日，南风，凶；西风，土工兴。

占立冬日

立冬日属火，无雨雪，主暖，来年旱。属水木，来年春雨多，果木开花，来年旱。东风，冬雷，凶。南风，来年五月人疫。西风，凶。北风，冬雪冻兽死。西北有白云如龙马，宜麻，如不至，大寒伤物，人疫，来年四月见。

占冬至日

冬至日遇壬，主旱千里。二日遇壬，小旱。三日遇壬，大旱。四日遇壬，五谷大熟。五日遇壬，小水。六日遇壬，大水。七日遇壬，河决流。八日遇壬，海翻腾。九日遇壬，大熟。十日、十一日、十二日遇壬，五谷不成，多风，寒冷，年丰，人安。东风，人灾，乳牛多死。南风，谷贵。北风，岁稔。西风，禾熟，人安。青云从北方来，主来年丰。无云，主凶。赤云，主旱。黑云，主大水。白云，主人疾病。黄云，土工兴。

占六十甲子日阴晴诀

甲子日雨，丙寅日止。乙丑日雨，丁卯日止。
丙寅日雨，即日止。丁卯日雨，夕止。
戊辰日雨，夜半止。己巳日雨，立止。
庚午日雨，辛未日止。辛未日雨，戊寅日止。

壬申日雨，即止。癸酉日雨，甲戌日止。

甲戌日雨，即日止。乙亥日雨，即日止。

丙子日雨，立止。丁丑日雨，夕止。

戊寅日雨，即时止。己卯日雨，立止。

庚辰日雨，即止。辛巳日雨，癸未日止。

壬午日雨，即止。癸未日雨，甲申日止。

甲申日雨，即止。乙酉日雨，丙戌日止。

丙戌日雨，夕止。丁亥日雨，即时止。

戊子日雨，庚寅日止。己丑日雨，壬辰日止。

庚寅日雨，即时止。辛卯日雨，癸巳日止。

壬辰日雨，辛丑日止。癸巳日雨，夕止。

甲午日雨，即时止。乙未日雨，丁酉日止。

丙申日雨，夕止。丁酉日雨，己亥日止。

戊戌日雨，辛丑日止。己亥日雨，即时止。

庚子日雨，甲辰日止。辛丑日雨，壬寅日止。

壬寅日雨，即时止。癸卯日雨，立时止。

甲辰日雨，即止。乙巳日雨，丙午日止。

丙午日雨，即时止。丁未日雨，立止。

戊申日雨，庚戌日止。己酉日雨，辛亥日止。

庚戌日雨，即时止。辛亥日雨，癸丑日止。

壬子日雨，癸丑日止。癸丑日雨，即时止。

甲寅日雨，立时止。乙卯日雨，丙辰日止。

丙辰日雨，丁巳日止。丁巳日雨，即时止。

戊午日雨，立止。己未日雨，即时止。

庚申日雨，甲子日止。辛酉日雨，即时止。

壬戌日雨，立时止。癸亥日雨，即止。

占天

朝看东南黑，势急午前雨。
暮看西北黑，半夜看风雨。

占云

早起天无云，日出光渐明。
暮看西边明，来日定晴明。
游丝天外飞，久晴便可期。
清晨起海云，风雨霎时辰。
风静郁蒸热，云雷必振烈。
东风云过西，雨下不移时。
东风卯设云，雨下巳时辰。
云起南山暗，风雨辰时见。
日出即遇云，无雨必天阴。
云随风雨疾，风雨霎时息。
迎云对风行，风雨转时辰。
日落黑云接，风雨不可说。
云布满山低，连宵雨乱飞。
云从龙门起，飓风连急雨。
西北黑云至，雷雨必振声。
云势若鱼鳞，来朝风不轻。
云钩午后排，风色属人猜。
夏云钩内出，秋风钩持来。

晓云东不虑，夜云愁过西。
乱云天顶绞，风雨来不少。
风送雨倾盆，云过都暗了。
红云日出生，劝君莫远行。
红云日没起，晴明不可许。

占风

秋冬东南风，雨下不相逢。
春夏西北风，夏来雨不从。
讯头风不长，讯后风雨毒。
春夏东南风，不必问天公。
秋冬西北风，天光晴可喜。
长夏风势轻，舟船最可行。
深秋风势动，风势浪未静。
夏风连夜倾，不尽便晴明。
雨过东风至，晚来越添巨。
风雨朝相攻，飓风滩将避。
初三须有飓，初四还可惧。
望日二十三，飓风君可畏。
七八必有风，讯头有风至。
春雪百二旬，有风君须记。
二月风雨多，出门还可记。
初八及十三，十九二十一。
三月十八雨，四月十八至。
风雨带来潮，傍船人难避。
端午讯头风，二九君须记。
西北风大狂，回南必乱地。

六月十一二，彭祖连天忌。
七月上旬来，争秋船莫开。
八月中旬时，随潮不可移。

占日

乌云接日，雨即倾滴。
云下日光，晴明无妨。
早间日珥，狂风即起。
早后日珥，明日有雨。
一珥单日，两珥双起。
午前日晕，风起北方。
午后日晕，风势须防。
晕开门处，风色不狂。
早白暮赤，飞砂走石。
日没暗红，无雨必风。
朝日烘天，晴风必扬。
朝日烘地，细雨必至。
暮光烛天，日色连阴。
日光晴彩，久晴可待。
日光早出，晴明不久。
返照黄光，明日风狂。
午后云遮，夜雨滂沱。

占虹

雨下虹垂，晴明可期。
断虹晚见，不明天变。
断虹早挂，有风不怕。

占雾

晓雾即收，晴天可求。
雾收不起，细雨不止。
三日雾濛，必起狂风。
白虹下降，恶雾必散。

占电（附：钦天监对联）

电光西南，明日炎炎。
电光西北，雨下连连。
辰间电飞，大飓可期。
电光乱明，无雨风晴。
闪烁星光，雨下风狂。

附：钦天监对联

夏至辛逢三伏热　　重阳戊遇一冬干

谚云："重阳无雨看十三，十三无雨一冬干"。
"戊遇"作"无雨"，盖俗传之误也。

又俗谚云：
"收花不收花，单看正月二十八。"
如正月二十八日天气晴明，无风雪，必收棉花。

八月十五云遮月，准备来年雪打灯。
八月初一下一阵，旱到来年五月尽。
三月清明榆不老，二月清明老了榆。

天文日月

东海至西海，三十五万里；
南海至北海，四十九万里；
东至西，九十一万里；
南至北，八十万里；
天至地，八万四千里；
地厚，七万三千二百里。
上有九江八河，
下有五湖四海。
天中有一道河，乃是天堑之黄河。
风至地，八十里。
雨至地，四十里。
雪至地，一百里。
云至地，一百五十里。

雷方使有一清二断，

雪中方显九重霄。

日方圆，八百六十里，

月方圆，八百八十里，

普照天下。

此段出自《天文志》书，《三元总录》亦有。

前朝公规

正月朔旦为元首，各衙门官吏于公厅设位，率士庶、僧道称贺；立春节前一日，各府州县官吏、士庶、耆老，社稷鼓乐，出东郊迎春，即春牛也。

勾芒神至衙前，各安位官吏香灯花烛，拜勾芒神。次日立春时，官吏公服行礼毕，各执彩杖鞭春牛，谓十二月建丑属牛，寒将极，为其像以送之。二月十五日花朝，各府州县劝农长官出郊劝农。

洪武八年，钦天监奏降《春牛经》式，礼部案卷通行天下，遵依牛式。

春牛颜色

诗曰：

年干为头身属支，纳音为腹不差移。

春日天干角耳尾，支为膝胫纳音蹄。

阳年牛口开为的，牛尾左缴不须疑。

阴年牛口端然合，牛尾右缴与人知。

年干：甲乙木青色，丙丁火红色，庚辛金白色，壬癸水黑色，戊己土黄色。

年支：寅卯木青色，巳午火红色，

申酉金白色，亥子水黑色，

辰戌丑未土黄色。

纳音：如甲子日立春，属海中金，金白色，木青色，火红色，水黑色，土黄色。下仿此。

笼头构索

以立春日支为笼头色。孟日用麻，仲日用苎，季日用丝。构子用桑柘木。

孟日：寅申巳亥。

仲日：子午卯酉。

季日：辰戌丑未。

芒神服色

以立春日支辰受克为衣色，克花色为系腰色。日支辰受克，如立春子日属水，衣用土，取黄色；克衣色为系腰色，用木，取青色。其法：亥水，白黄衣，青系腰；寅卯日，白衣，红系腰；巳午日，黑衣，黄系腰；申酉日，红衣，黑系腰；辰戌丑未日，青衣，白系腰。

芒神闲忙

以每年正旦前后各五日内立春者是农忙，芒神与牛并立；在正旦日前五辰外立春者是农早忙，芒神在牛前立；在正旦后五辰外立春者是农晚闲，芒神在牛后立。阳年在左边立，阴年在右边立。

阳年：子寅辰午申戌。阴年：丑卯巳未酉亥。

策牛人

即芒神罨耳。以立春时为法：从卯至戌八时，芒神用手提罨耳。辰、午、申、戌，阳时，左手提；卯、巳、未、酉，阴时，右手提。八时见日温和，寅时芒神戴罨耳，揭起左边，亥时芒神戴罨耳，揭起右边。寅、亥时为通气，故揭起一边，子、丑时芒神全戴罨耳，为严疑时，故全掩也。

芒神头髻

以立春日纳音为法。

金日，平梳两髻在耳前；

木日，平梳两髻在耳后；

水日，平梳两髻，左髻在耳后，右髻在耳前；

火日，平梳两髻，右髻在耳前，左髻在耳后；

土日，平梳两髻在顶直上。

芒神鞋袴行缠[①]

以立春纳音为法。

金日，系行缠，鞋袴全，左阙行缠在腰左悬。

木日，系行缠，鞋袴全，右阙行缠在腰右悬。

水日，系行缠，鞋袴俱全。

火日，系行缠、鞋袴俱无。

土日，着袴，无行缠、鞋子。

【注释】

①袴行缠：袴，同“裤”，这里指裙裳。行缠，缠腿布，俗称裹腿或绑腿。

芒神老少高低鞭结

以立春年为法。如寅、申、巳、亥孟年立春，芒神老像；子、午、卯、酉仲年立春，芒神少壮像；辰、戌、丑、未季年立春，芒神孩童像。芒神身高三尺六寸，按一年三百六十日。鞭手柳枝长二尺四寸，按二十四气[①]上用结子，其结子以立春为法。孟日立春，用麻；仲日立春，用苎；季日立春，用丝。俱用五彩蘸染。

【注释】

①二十四气：古人把二十四节气又分为十二个“节气”和十二个“中气”。一年十二个月，每个月都含有两个“气”：排列在前的是“节气”，排列在后的是“中气”。

造春牛取土胎骨木植长短法

以冬至节后辰日，于岁德方取水土，用桑柘木为胎骨，牛头至尾，桩八尺，按八节，又云：八卦。牛尾一尺二寸，按十二时。高四尺，按四时。踏板用县衙门扇，子、寅、辰、午、申、戌阳年用左扇，丑、卯、巳、未、酉、亥阴年用右扇。

牛头朝向祭拜方位

以牛头向东祭拜东方木神之位。

《月令》云：东方太皞[①]，于木位，其神句芒，此神太皞，于春，故朝于东方也。

【注释】

①太皞：又作太昊，即伏羲氏，是中国古代传说中的一位古帝。他被认为是东夷部族与华夏部族的祖先和首领，也是东方祖神和东方天帝青帝。

春牛取水土方图式

如甲、丙、戊、庚、壬五阳年，甲年取甲方水土，丙年取丙方水土；如乙、丁、己、辛、癸五阴年，取合方水土，如乙年取庚之类。

年	甲	乙	丙	丁	戊	己	庚	辛	壬	癸
岁德方	甲	庚	丙	壬	戊	甲	庚	丙	壬	戊
方位	东	西	南	北	东南	东	西	南	北	东南

新镌许真君玉匣记增补诸家选择日用通书卷四

武林　朱说霖（雨畴）　重校

占面热法[①]

子时：主喜庆事，又主得财。
丑时：主有烦恼忧愁之事。
寅时：主有客来聚会，大吉。
午时：主亲来相见，命同坐。
未时：主有词讼、口舌是非。
申时：主有高人会道相见。

卯时：主有酒食及外人至。

辰时：主有远客喜相逢，吉。

巳时：主有急事人来相见。

酉时：主有高人来会相见。

戌时：主有酒食，不叫自来。

亥时：主官非词讼及不宁事。

【注释】

①占面热法：即“面热占”，民间杂占的一种，以脸发烧的时刻占验事情的发生及吉凶情况。其基本特征是根据时刻预测将要发生的事情及吉凶。类似的占法尚有“眼跳占”“耳热占”等，详见下文。

占眼跳法

子时：左有贵人，右有酒食。

丑时：左有忧疑，右有人悲。

寅时：左远人来，右喜庆事。

午时：左主饮食，右主凶事。

未时：左主吉昌，右主小喜。

申时：左有财利，右有女思。

卯时：左贵人来，右平和吉。
辰时：左客人来，右损害事。
巳时：左主酒食，右主凶事。
酉时：左有客至，右主亲来。
戌时：左主酒食，右主聚财。
亥时：左主有客，右主官事。

占耳热法

子时：主有僧道来相议事。
丑时：主有喜事临身，大吉。
寅时：主有酒食相会，大吉。
卯时：主有远人来相见，吉。
辰时：主有财，吉；人通达，吉。
巳时：主失财物之事，不利。
午时：主有喜气事来，大吉。
未时：主有客至相求之事。
申时：主有酒食宴乐事，吉。
酉时：主有女子至、婚姻事。
戌时：主有争讼口舌之事。
亥时：主有口舌词讼之事。

占耳鸣法

子时：左主友思，右主失财。
丑时：左主口舌，右主争讼。
寅时：左主失财，右主心急。
卯时：左主坎坷，右主客至。
辰时：左主远行，右主客至。
巳时：左主凶事，右主大吉。
午时：左主远信，右主亲来。
未时：左主饮食，右主人来。
申时：左主行人，右主大吉。
酉时：左主失财，右主大吉。
戌时：左主酒食，右主客至。
亥时：左主大吉，右主酒食。

占釜鸣法

子时：主六畜好安，大吉利。

丑时：主家宅定、富贵，大吉。

寅时：主家宅凶、怪事，不利。

卯时：主家门祸事至，大凶。

辰时：主宜田蚕、有利，大吉。

巳时：主有福至财来，大吉。

午时：主官事消散，大吉昌。

未时：主有凶祸之事，不利。

申时：主远人来昌盛，大吉。

酉时：主远行人来，大吉利。

戌时：主有小喜、亨通，大吉。

亥时：主官事有理，大吉昌。

占火逸法①

子时：妻有外心，烦闷之事。
丑时：女心向外，大不吉利。
寅时：得小喜，平安，大吉利。
卯时：主得财帛，亨通之兆。
辰时：主忧心、损男小口灾。
巳时：主有喜事，酒食相逢。
午时：宜相争、见官、火灾事。
未时：主得财喜昌盛之兆。
申时：主得财帛、会合事，吉。
酉时：主有凶事、变报之兆。
戌时：主忧心、见得理之兆。
亥时：主身疾病，不妨之兆。

【注释】

①火逸：指灶中之火逸出灶外。

占犬嚎法

子时：主有妇人不时争斗。

丑时：主有忧闷忧心之事。

寅时：望天，进财，昌大吉利。

卯时：望天嚎，必得财，大吉。

辰时：主喜事至，大亨通，吉。

巳时：主有亲人想念，信至。

午时：主逢酒食宴会，大吉。

未时：主有家中内外破财。

申时：主家宅有小口之忧。

酉时：加官进禄，必定得财。

戌时：主有口舌之事，大凶。

亥时：主有官非、词讼之事。

占衣留法

子时：男主酒食，女主亲事。
丑时：主有愁思、破财之事。
寅时：望夫进财，昌大吉利。
卯时：主酒食、交友、同会，吉。
辰时：主自失财、忧灾疾病。
巳时：女人外心，男无凶事。
午时：主远人至、得利，大吉。
未时：血光之灾，化凶为吉。
申时：主得外财，出入大吉。
酉时：主有客至、破财，不利。
戌时：主词讼、得财，大吉。
亥时：主有喜事、得财，大吉。

占嚏喷法

子时：主逢吉人，酒食相会。
丑时：女人默息，客人求事。
寅时：主女人相遇，有酒食。
卯时：主财喜，有客来同事。
辰时：主人有酒食，大吉利。
巳时：主有吉人来求财，喜。
午时：主有客旅、酒会、宴饮。
未时：主酒食相会合之事。
申时：夜梦惊恐，酒食不利。
酉时：主妇人来求请问事。
戌时：主妇人思会和合事。
亥时：主有虚惊，反得吉利。

占肉颤法

子时：主有尊长人来，大吉。

丑时：主有吉祥临身，大吉。

寅时：主有凶事，化凶为吉。

卯时：主有得财事，大吉利。

辰时：主有凶恶临身，大凶。

巳时：主宾友相见，大吉利。

午时：主有忧疑事，自身吉。

未时：主有喜事，占身大吉。

申时：主有口舌，解之则吉。

酉时：主因财起祸事，大凶。

戌时：主有行人远来，大吉。

亥时：主有大吉利喜庆之事。

占心惊法

子时：主有女子恩喜事至。
丑时：主有恶事临门则凶。
寅时：主有客来，饮食大吉。
卯时：主有酒食命外人来。
辰时：主成名喜事，大吉利。
巳时：主妇人思多，喜事至。
午时：主有酒食自来，大吉。
未时：主有妇人思念，大吉。
申时：主有大喜之事至，吉。
酉时：主有喜信至，大吉庆。
戌时：主有贵人即至，大吉。
亥时：主有恶人，占身大凶。

占鹊噪法

子时：主有远亲人至，大吉。
丑时：主有喜庆之事，大吉。
寅时：主有词讼之事，小吉。
卯时：主有酒食财喜，大吉。
辰时：主有远行人至家，吉。
巳时：主有喜事降临，大吉。
午时：主有疾病，求神安，吉。
未时：主有六畜不见之事。
申时：主有喜庆事，大吉昌。
酉时：主有坎坷不临之事。
戌时：主有财帛亨通，大吉。
亥时：主有口舌争斗之事。

鸦鸣鹊噪方向

凡鸦鹊之鸣，有呼群唤子者，有夺食争巢者，其音相似，难以一概占之。其鸣向我异于常鸣者，是神使之报也，是以占之，无有不验。《经》曰：“鸦鹊不为世俗所鸣，乃因有德者鸣之，以报吉凶。”凡占，先看何方飞鸣而来，却看鸣时是何时辰，然后断之，吉凶如响。

方向	正东	东南	正南	西南	正西	西北	正北	东北
寅卯时	送物	争竞	大吉	大吉	外人思	酒食	口舌	疾病
辰巳时	风雨	女客至	人请	人请	内喧	贵客至	客至	亲至
午时	争竞	客至	争竞	不宁	送物	酒食	进畜	女送物
未申时	主凶	凶信至	远信至	主雨	大吉	客至	失物在	客至
酉时	公事凶	外服	故人来	人请	客至	失物归	主病	疾病

圣贤明著占鸦经，认取来方仔细听，
鸦鸣设若有忧声，默念“乾元亨利贞[①]”。
次看时辰知祸福，百步之外不须听，
叩齿三通存七遍，转凶为吉免灾星。

【注释】

①“乾元亨利贞”：乾，《易经》卦名。元亨利贞，《易经》乾卦卦辞，意思是：乾卦，大为亨通，宜于守正。

占灯花法[1]

灯乃一家鉴照之主，开花、结蕊、吐焰、生光，知人间之吉凶，识天时之晴雨。

凡灯有花，任其自一自谢，不可挑剔、剪灭，一吹一灭，不可再吹。

灯有花，久不灭，来日主有喜庆，至天明不灭不绝，五日内喜事不绝。

开花向外，必于大人处得书，乃七夜如此。仕人则加官进禄，爵位高迁，常人则生财纳福，田产立至。

焰忽两分，主有大恩，即授迁官，吉庆。士人则有大官委命及贵人引援。

灯花连珠下垂者，主有远行。

灯中心结花如绿豆，主有酒食，孕生贵子。

灯花连连逐出爆者，主大喜，选举迁官升，吉庆。

灯花向上圆大者，主明日有客至。

灯自明而炸者，主远信至。

灯自灭者，主丧服。

灯若有花，忽挑者、吹灭者，主有耻辱之事。

【注释】

①灯：指油灯或蜡烛。

鬼谷子先生[①]响卜法[②]

忌黑道日[③]。

灶者，五祀[④]之首也。吉凶之柄，悉归所主。

凡有疑虑，候夜稍静，洒扫爨室[⑤]，涤釜[⑥]注水令满，以木勺一个顿于灶上，燃灯二盏，一置灶腹，一置灶上，安镜于灶门边，炷香叩齿，祝曰："维某年月日，某信士敢爇信香，昭告于司命灶君之神[⑦]。窃闻福即有咎，基岂无征事之先兆？惟神以是司。以今惟某事衷心营营，罔知攸指[⑧]，敬于静夜，移薪息爨，涤釜炷香，求趋响卜之途，恭候指迷之柄，情之所属，神实鉴之。某不胜听命之至。"

祷毕，以手按锅水，往左旋，执勺祝曰："四纵五横，天地分明，神勺所指，祸福攸分。"

祝毕，以勺指水，任其自旋自定，随勺所指，抱镜出门，不得回头，密听旁人言语，即是响卜。事应后方言之。或于勺柄所指之处无路，再占。

【注释】

①鬼谷子先生：即鬼谷子（约前400—约前320），号玄微子，王氏，名诩，别名禅，又称王利，道号鬼谷子。著名思想家，道家代表人物。楚国人，战国时期传奇人物。著名谋略家，兵法集大成者，纵横家创始人。被后世尊为"谋圣"，在文化史上，鬼谷子是与孔子、老子并列的学术大家。

②响卜法：古代民间杂占的一种。占法是按神明所示方向走去，偷听旁人言语，便可获得吉凶的启示。因以言语声响为卜，故称。"鬼谷子先生响卜法"因出于《鬼谷子》记述，故名。《鬼谷子》："元旦之夕，洒扫置香灯于灶门，注水满铛（锅），置杓（杯）于水，虔礼拜

祝，拔杓使旋，随柄所指之方，抱镜出门，密听人言，第一句即是卜者之兆。事应之后，不得言之。或杓指处无路，则是有阻，宜再占之。”又正文分两部分：前为咒语，后为符篆。

③黑道日：凶日。简称“黑道”。《协纪辨方书》云：“天刑、朱雀、白虎、天牢、玄武、勾陈者，月中黑道也。所理之方，所值之日，皆不可兴土功、营屋舍、移徙、远行、嫁娶、出军。”

④五祀：古代祭礼名。《礼记·曲礼下》注：以户、灶、中溜、门、行为五祀。《白虎通·五祀》以门、户、井、灶、中溜为五祀。

⑤爨室：厨房。爨，灶。

⑥涤釜：刷洗饭锅。涤，洗；釜，锅。

⑦维：发语词，无义，下面的“惟”同此。信士：诚信之士。祝：祷者自称。敢：谦卑之词，意为敢于贸然如何。信香：佛教认为吾为信心的使者，故名。司命灶君：即灶王爷。

⑧罔知攸指：不知所指。罔，不；攸，所。

张天师祛病符法①

凡书符者，叩齿三通，含净水一口，向东南噀②之，咒曰（默念）：“赫赫扬扬③，日出东方，吾敕此符，普扫不祥，口吐三昧之火④，服飞门邑之光，捉怪使天蓬⑤力士，破疾用秽迹金刚⑥。降伏妖怪，化为吉祥。急急如律令，敕！”

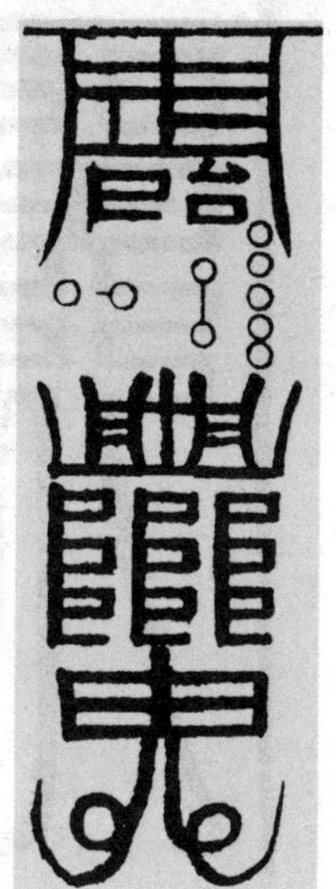

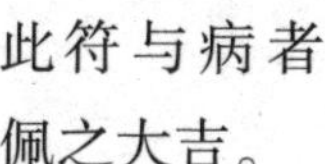

此符与病者佩之大吉。

初一日病者，东南路上得之，是神使客死鬼作祟。头疼作寒热，起坐无力，吃食无味。用黄纸五张，东南方四十步送之，即愈。

吞一道，门上贴一道，吉。

初二日病者，东南方得之，是家乡之老鬼作病。初头疼，口乱不宁，热多冷少，四肢无力，呕吐不止。用白纸五张，向东南方三十步送之，即愈。

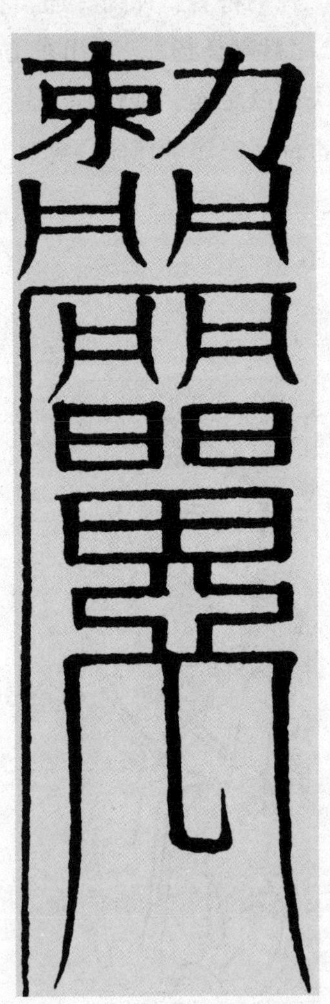

吞一道，门上贴一道，吉。

初三日病者，正北得之，是家亲作祟。初害头疼，乍寒乍热不宁，饮食不进。用黄钱五张，向正北二十步送之，大吉。

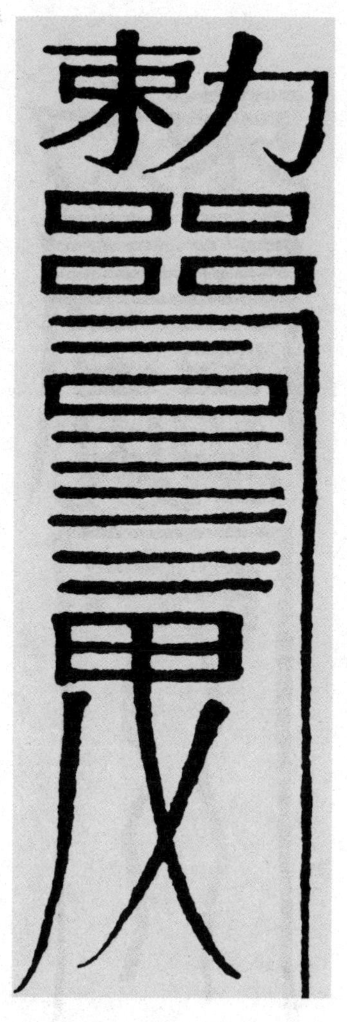

吞一道，大吉。

初四日病者，东北得之。病者手足沉重，头疼狂乱不宁，饮食呕吐。用黄钱五张，向东北五十步送之，大吉。

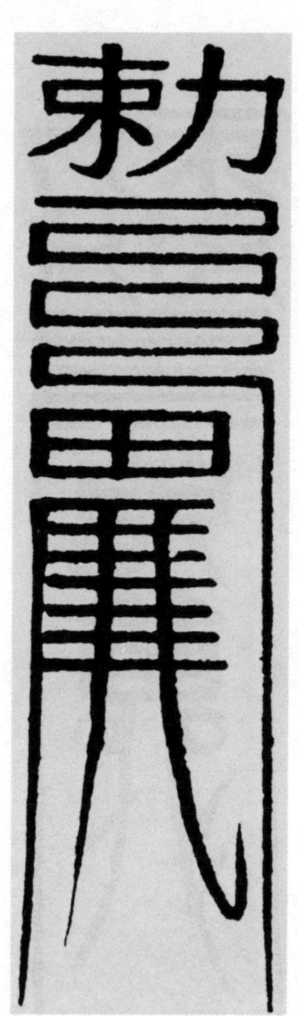

吞一道，门上贴一道，吉。

初五日病者，东北得之，此是石榴鬼作病。乍寒乍热，呕吐不止，其鬼在床头坐。用黄钱五张，东北五十步送之，即安。

吞一道，带一道，大吉。

初六日病者，正东所得，树神使黄头鬼作祟。四肢沉重，霍乱不宁，遍身疼痛，鬼在卧床、衣服上坐。用白钱五张，向正东四十步送之，大吉。

贴一道在床上，大吉。

初七日病者，东南得之，土地家神使老母鬼作祟。呕逆寒热，手足沉重，其鬼在卧床东坐北。用白钱五张，向东南三十步送之，大吉。

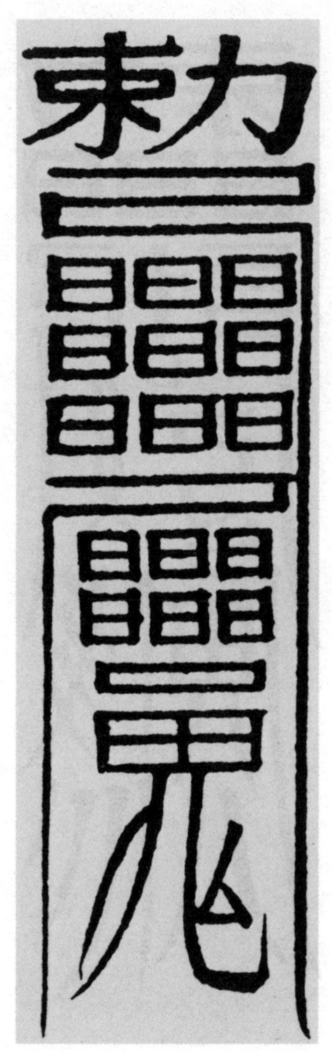

吞一道，大吉。

初八日病者，东北得之，土地使妇人作祟。膝脚疼痛，四肢无力，乍寒乍热，饮食不思。用黄钱五张，向东北二十步送之，即安。

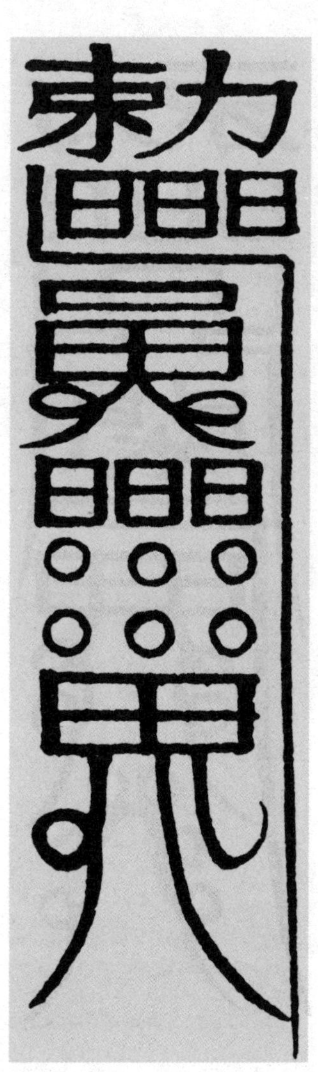

吞一道，大吉。

初九日病者，正南得之，家亲少年妇人鬼。其病呕吐，四肢无力，手脚沉重，坐卧不安。用白钱五张，向正北三十步送之，即安。

吞一道，门上贴一道，吉。

初十日病者，正南得之。其病先轻后重，手足如打，头疼，心神恍惚，乍寒乍热，不思饮食。用白钱五张，向正东四十步送之，即愈。

吞一道，大吉。

十一日病者，正北得之，枉死妇人鬼作祟。上热下寒，呕吐酸水，沉重，不思饮食。用黄钱五张，向西南四十步送之，大吉。

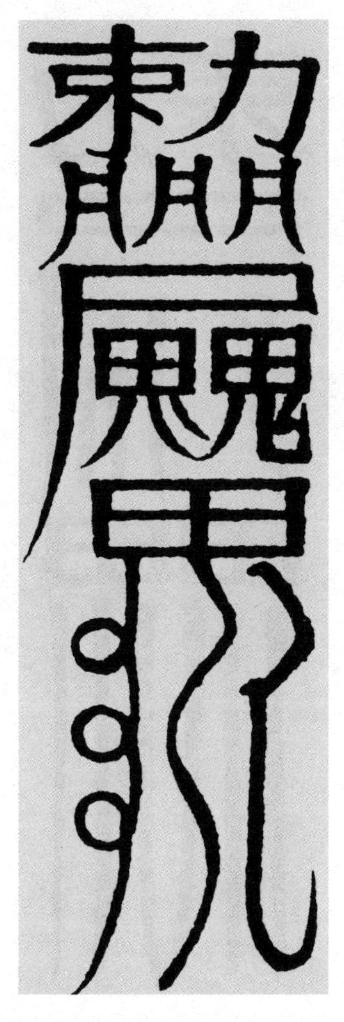

房门上贴一道，大吉。

十二日病者，东北得之。土地家亲作祟。先轻后重，呕吐不宁，起卧不安，四肢寒冷。用白钱五张，向东北三十步送之，即安。

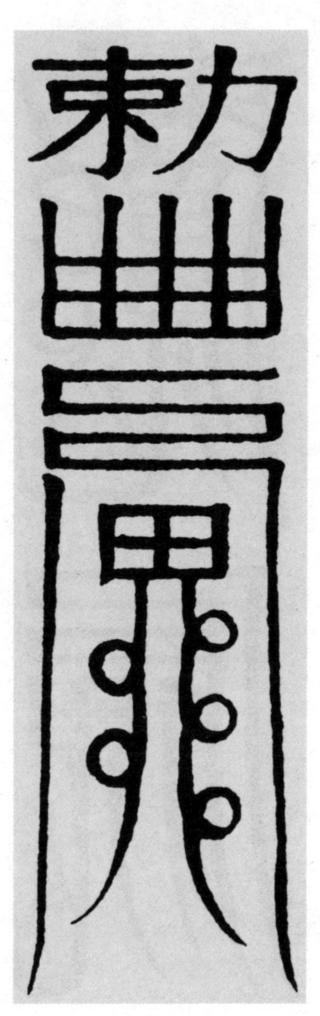

贴一道，大吉。

十三日病者，东北得之，亲男子少亡鬼与人作祟。其病霍乱，恍惚不宁，饮食无味。用黄钱五张，向正北五十步送之，大吉。

吞一道贴一道，大吉。

十四日病者，正东得之，家神引鬼作祟。手足冷，霍乱，坐卧不安，饮食无味。用白钱五张，向东南三十步送之，即安。

吞一道，门上贴一道，吉。

十五日病者，正南得之，水火二神作病。寒热沉重，呕吐心乱，不思饮食，鬼在床头坐。用白钱五张，向正南三十步送之，大吉。

吞一道，门上贴一道，吉。

十六日病者，西南得之，家亲鬼自作祟。头疼，在病人身上坐，乍寒乍热，四肢沉重。用黄钱三张，向西南四十步送之，大吉。

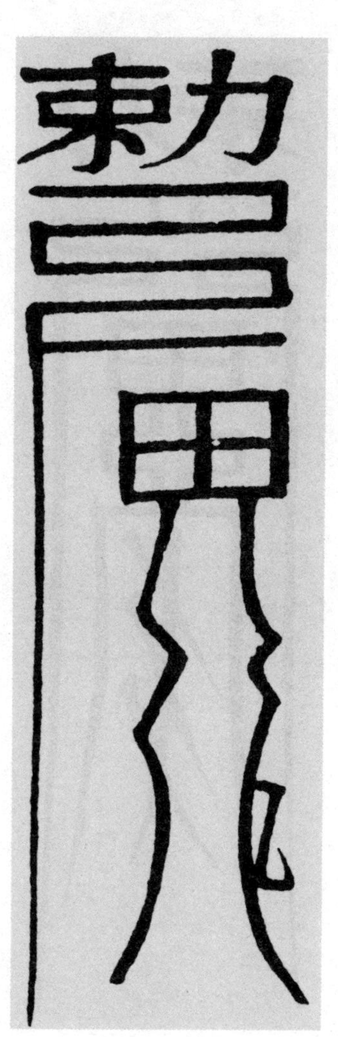

吞一道，佩一道，大吉。

十七日病者，在西得之，少年女子鬼作祟。其病头疼，手足如火，坐卧不宁，寒热不分。用黄钱五张，向正西三十步送之，即安。

吞一道，带一道，大吉。

十八日病者，西南得之，借物吃食上得，乍寒乍热，霍乱不安，吃食无味，鬼在床上东南上坐。用白钱五张，向西南四十步送之，大吉。

吞一道，头上顶一道，吉。

十九日病者，正北得之，枉死妇人鬼作祟。上热下冷，呕吐酸水，四肢沉重，不思饮食。用黄钱五张，西南三十步送之，大吉。

吞一道，头上顶一道，吉。

二十日病者，东北得之，土地使家亲作祟。先轻后重，呕吐不宁，起卧不安，四肢无力。用白钱五张，东北五十步送之，大吉。

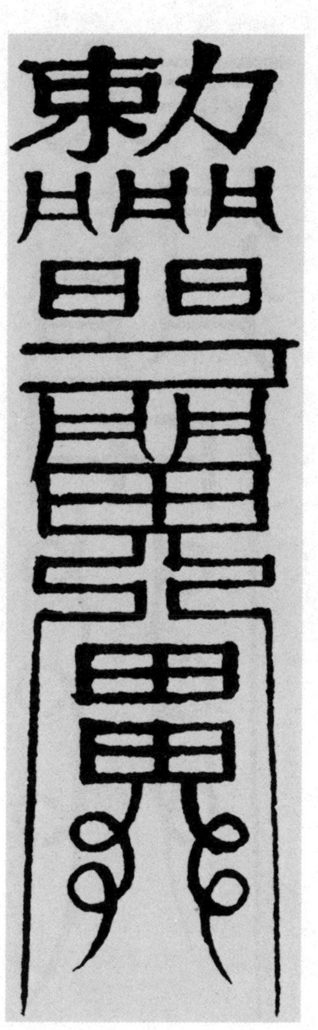

吞一道，门上贴一道，吉。

二十一日病者，东北得之，家亲男子少亡鬼作祟。其霍乱恍惚不宁，起坐不安，饮食无味。用黄钱五张，正北四十步送之，即安。

吞一道，大吉。

二十二日病者，正东得之，井神引鬼作祟。手足皆冷，霍乱不宁，坐卧不安，饮食无味。用黄钱五张，东南三十步送之，即安。

佩一道，门上贴一道，吉。

二十三日病者，正南得之，西冲五道山神使客死鬼作祟。睡卧不安，肚疼霍乱，饮食无味。用白钱五张，西南四十步送之，大吉。

吞一道，戴一道，大吉。

二十四日病者，西南得之，因用牧饮食得老母不葬之鬼作病。四肢沉重，寒热呕逆。用黄钱五张，东南五十步送之，即安。

吞一道，佩一道，大吉。

二十五日病者，正西得之，金神使老子鬼作病。头重身沉，不思饮食，其鬼在卧处坐。用白钱七张，正西四十步送之，大吉。

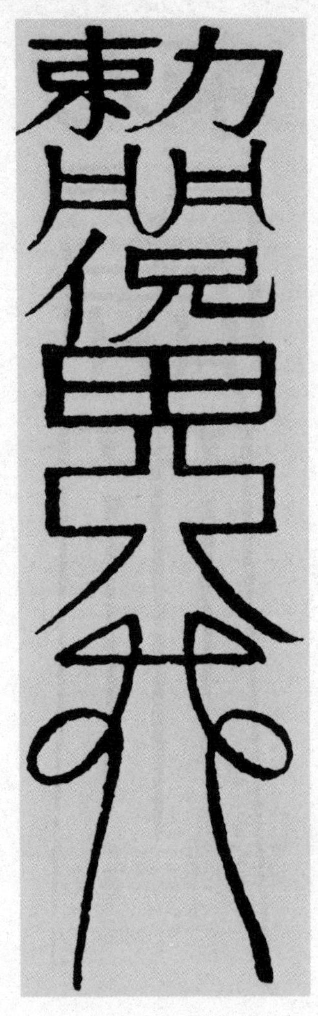

门上贴一道，大吉。

二十六日病者，西北得之，北方火神使和尚家亲鬼作病。头疼，恍惚不宁，鬼在背脊上坐。用黄钱五张，西北五十步送之，大吉。

门上贴一道，大吉。

二十七日病者，正东得之，东方神使小男子不合鬼作病。头疼，狂乱，乍寒乍热，呕吐恶心。用黄钱三张，正东三十步送之，大吉。

戴头上，大吉。

二十八日病者，正北得之，金神使家室小女子鬼作病。头发热，睡起不安，不思饮食。用白钱五张，正西四十步送之，大吉。

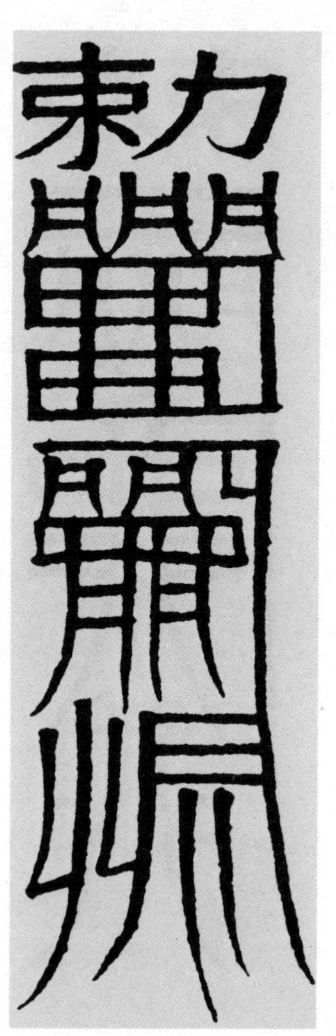

吞一道，佩一道，大吉。

二十九日病者，东南上得之，土地使家亲鬼作病。头疼，乍寒乍热，饮食无味，鬼在西南器物上坐。用白钱七张，东南三十步送之，即安。

三十日病者，东北得之，山神使男子鬼作病。头疼脑痛，恍惚不安，不思饮食。用黄钱五张，西北四十步送之，大吉。

贴床上，大吉。

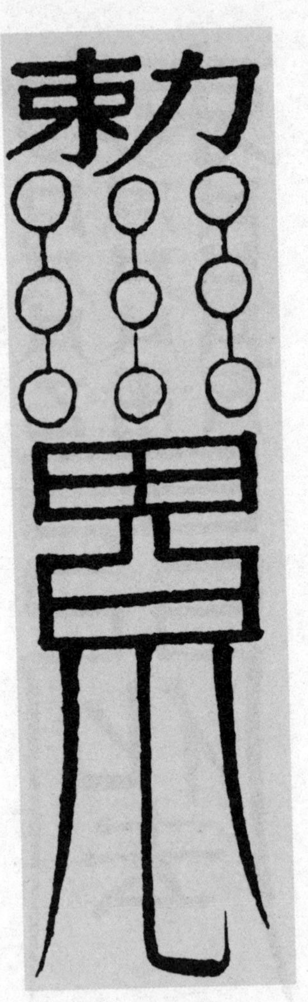

佩一道，大吉。

【注释】

①张天师祛病符法：这里说的是驱鬼祛病之法。前面讲的是方法，后面附的是符咒。张天师，见前注。祛：消除。

②噀（xùn）：把含在嘴里的液体喷出来。

③赫赫扬扬：显赫盛大、光明灿烂的样子。这里形容日出的情状。又作“赫赫阳阳”。

④三昧之火：即内丹术语“三昧火”。三昧即上昧、中昧、下昧。上昧为心之君火，中昧为肾之臣火，下昧为膀胱之民火。

⑤天蓬：神煞名。

⑥秽迹金刚：金刚神名。金刚，见前注。

镇诸怪符法

叩齿三通，含净水一口，向东噀之，咒曰：“咄！赫赫阳阳，日出东方，吾敕此符，普扫不祥，口吐三昧之火，服飞门邑之火，捉怪使天蓬力士，破疾用秽迹金刚，降伏妖怪，化为吉祥。急急如律令，敕。”

镇器皿、物具等怪符

朱书此符，压怪处，吉。

镇灶、釜、甑等怪符

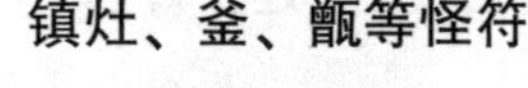

朱书此符，贴厨房，吉。

镇衣冠、鞋履等怪符

朱书此符，佩带大吉。

镇床帐、枕被等怪符

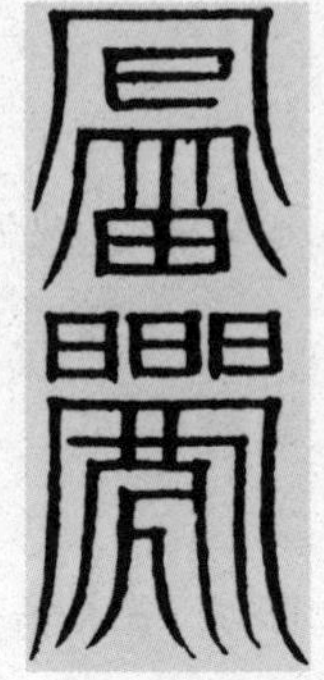

朱书此符，佩带大吉。

镇舟车等怪符

朱书此符，压怪处，吉。

镇牛马六畜等怪符

朱书此符，贴怪处，吉。

镇野兽入人家等符

朱书此符，贴大门，吉。

镇禽鸟入人家等符

朱书此符，贴大门，吉。

镇鸡鹅鸭等怪符

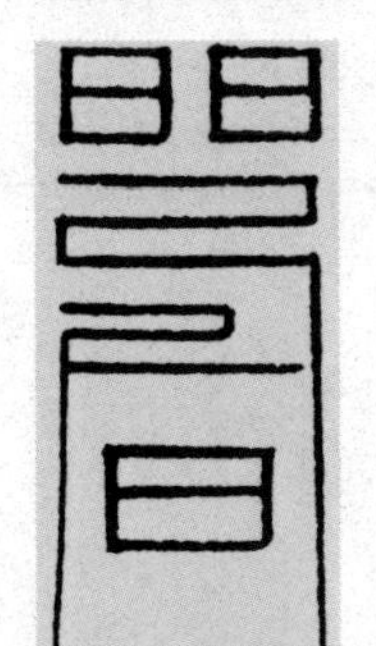

此符压栖并窝，大吉。

镇马粪污衣冠等符

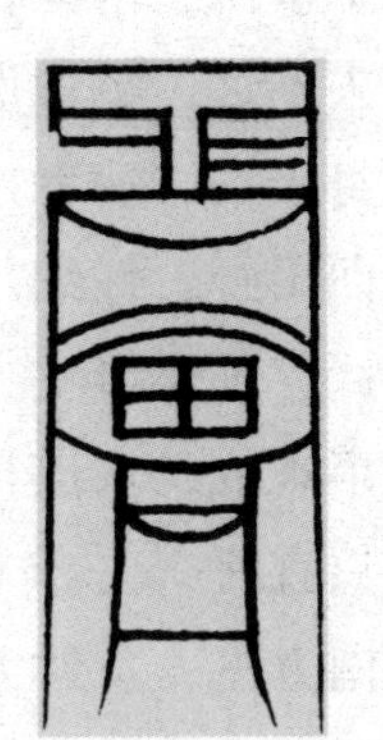

朱书此符，佩戴大吉。

镇诸怪总符

此符遇见怪人，佩之，吉。

李淳风① 六壬时课②

其法：每从“大安”上起正月，月上起日，日上起时。假如三月初五日辰时，三月在“速喜”上，就“速喜”上起初一，初五在“大安”，“大安”上起子时，数至辰时是“小吉”，就以“小吉”推占。余皆仿此。

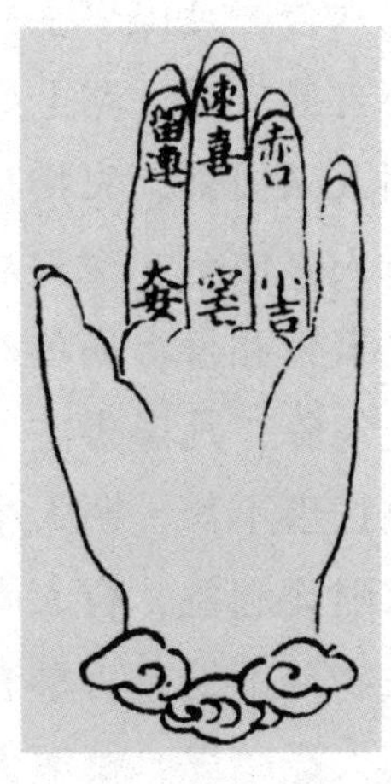

大安　身不动时，属木青龙，谋事主一、五、七[③]。

断曰：大安事事昌，求谋在坤方。
失物去不远，宅舍保安康。
行人身未动，病者主无妨。
将军回田野，仔细与推详。

留连　卒未归时，属水玄武，凡谋事主二、八、十。

断曰：留连事难成，求谋日未明。
官事只宜缓，去者未回程。
失物南方见，急讨方称心。
更须防口舌，人口且平平。

速喜　人便至时，属火朱雀，凡谋事主三、六、九。

断曰：速喜喜来临，求财向南行。
失物申未午，逢人路上寻。
官事有福德，病者无祸侵。
田定六畜吉，行人有信音。

赤口　官事凶时，属金白虎，凡谋事主四、七、十。

断曰：赤口主口舌，官非切要防。
失物急去寻，行人有惊慌。
鸡犬多作怪，病者出西方。
更须妨咒诅，恐怕染瘟癀瘟。

小吉　人来喜时，属木六合，凡谋事主一、五、七。

断曰：小吉最吉昌，路上好商量。
阴人来报喜，失物在坤方。
行人立便至，交关甚是强。
凡事皆和合，病者祷上苍。

空亡　信音稀时，属土勾陈，凡谋事主一、五、七。

断曰：空亡事不长，阴人小乖张。
求财无利益，行人有灾殃。
失物寻不见，官事有刑场。
病人逢暗鬼，禳解保安康。

【注释】

①李淳风（602—670）：唐代历法、术数家。政州雍（今陕西凤翔县）人。精通天文、历法、占候之术。被后世奉为神人。有《乙巳占》传世。

②六壬时课：一种古代占卜术，相传为李淳风所创，故称“李淳风六壬时课”。六壬占法，其依据是阴阳五行学说。五行水、火、木、金、土之中，以水为首。十干甲、乙、丙、丁、戊、己、庚、辛、壬、癸之中，壬、癸皆属水，壬为阳水，癸为阴水，古人崇阳抑阴，故舍阴取阳，名为“壬”。六十甲子中，壬为首的干支数有六位，即壬申、壬午、壬辰、壬寅、壬子、壬戌，故称“六壬”。六壬占法共有七百二十课，总据六十四种课体。六壬时课的具体占法见正文。正文中的大安、留连、速喜、赤口、小吉、空亡均为神煞名。这六个神煞合称“六曜”。或主吉或主凶，或吉凶兼主（时吉时凶），其下各附歌诀一首，昭示吉凶。

③一、五、七：旬中日数。下文的二、八、十，三、六、九，四、七、十，类此。

占梦总论

阴阳成梦

《黄帝内经·素问》云：“阴盛则梦涉大水，恐惧；阳盛则梦起大火，燔灼。阴阳俱盛则梦相杀，上盛则梦飞，下盛则梦坠，饱盛则梦与，饥盛则梦取，肝气盛则梦怒，肺气盛则梦哭。”

【译解】

《黄帝内经·素问》说：“人身体内的阴气太旺盛，就会梦见游过大水，并会感到恐惧；人身体内的阳气太旺盛，就会梦见起大火，并会感到炙热灼人。人身体内的阴气和阳气都旺盛就会梦见与人相互拼杀。气盛于上就会梦见自己腾空飞翔，气盛于下就会梦见自己向下坠落，吃得过饱则会梦见有人给东西吃，饿得太狠则会梦见有人取走自己吃的东西，肝气太旺盛则会梦见自己发怒，肺气太旺盛则会梦见自己哭泣。”

虚实成梦

《东莱类说》云：“形接而为事，神遇而为梦；浮虚则梦扬，沉实则梦溺；寝带则梦蛇，寝巾则梦鸟，衔发则梦飞；将阴则梦水，将晴则梦火；将病则梦食，将忧则梦歌舞。”

【译解】

《东莱类说》说：“人们之间的亲身交往构成世间的各种事情，而精神的交流就会形成幻梦。精神浮虚则会梦见自己向上飞扬，身体沉实则会梦见自己淹没在水里。睡觉时自己身上有带子则会梦见蛇，睡觉时头上有头巾则会梦见鸟，嘴里衔发则会梦见自己在天上飞。天将阴则会梦见水，天将晴则会梦见火。人将要病则会梦见吃东西，人将有忧虑事则会梦见自己又唱歌、又跳舞。”

虚静成梦

孙真人《调神论》云：“凡梦皆缘魂魄室于躯体，不能流通，夜则魂魄虚静，神告以方来吉凶而梦生焉。半夜前梦其事应远，半夜后梦其事应在近也。”

【译解】

孙真人《调神论》说：“凡是做梦都是因为魂魄堵塞在自己躯体内不能流动而造成的。夜晚则是魂魄虚静，神灵告诉人何方有吉事、凶事，于是就会做梦。前半夜梦见的事应比较远，后半夜梦见的事应比较近。”

魂安无梦

孙真人《西山记》云："欲无恶梦者，勿食本命所属及鱼鳖牛犬之肉，勿思邪淫怪伪悖逆之事，勿杀六畜，睡必首东受生气，面向外则魂安，自无梦。"

【译解】

孙真人《西山记》说："要想自己没有恶梦，就不要吃自己本命属相生肖所属的动物以及鱼、鳖、牛、狗的肉，不要去想那些邪恶、淫荡、怪异、虚伪等悖逆之事，不要杀害六畜（马、牛、羊、鸡、狗、猪），睡觉时必须头朝东方以承受生气，这样就会使人的灵魂从内到外都得到安宁而自然不会做梦。"

修德禳梦

释典云："四法判梦，一曰无明重习，二曰旧识巡游，三曰四大偏增，四曰善恶先兆。"《新序》云："诸侯梦恶则修德，大夫梦恶则修官，士梦恶则修身，如是则灾祸自散矣。"

【译解】

释典（指佛经）说："四种方法判梦（即解梦）：一是愚昧昏暗之事重新显现，二是与旧相识巡游，三是四大（佛教用语，指地、水、火、风）偏增，四是善恶的先兆。"《新序》说："诸侯梦见恶事就要修德，大夫梦见恶事就要改善自己的政务，士人梦见恶事就要努力提高自己的品德修养。如此这般，灾祸则会自散。"

噀水解梦

《茅亭客话》云："人藏阴多则梦数，阳多则梦稀，有亦不记。瞽者无梦，愚者少梦。"《养性论》云："有梦不须说，但以净水向东噀之，曰：恶梦著草木，好梦成珠玉。既无咎矣。"

《庄子》曰："至人无梦。"至人无欲，故无梦也。世人私欲无穷，故感而成梦，百怪千状，世无未有，辄梦见之，是岂笔札所能尽耶？姑记梦略，以待知者。所谓修德禳事者，一言而备。吉凶之兆，存乎其人耳。

【译解】

《茅亨客话》说："人的身体内所藏阴气多了梦就会多，所藏阳气多了梦就会少，即使有梦也不会记得。眼瞎的人没有梦，愚笨的傻子也没有梦。"《养性论》说："做了梦不必向人提起，只要嘴含净水向东喷一下，并说：恶梦著草木，好梦成珠玉。如此这般，就不会有灾祸。"

《庄子》说："至德之人，没有妄想贪念，故不做梦。"（"至人无梦"这个概念最早出自《列子·周穆王》）。因为这种人没有什么欲望，所以没有梦。世上之人私欲无穷，因此在睡眠中会发生感应而幻化成梦，这些梦千奇百怪，千状万态，世上所无、从来没有的事物都能梦见，笔札怎能全部记下来呢？姑且记录下梦的大略，以等待有奇异智慧的人去破解。所谓"修德禳事"这句话，真是一语切中要害，把什么都讲尽了，未来是吉是凶，都在于个人罢了。

集古梦兆

梦赐良弼兆

殷高宗武丁居父之丧，三年不言。夜梦上帝赐以良弼，武丁既寤，乃图形，命人遍求天下，得傅说于版筑之间，爰立为相，天下大治，殷道大兴。

【译解】

殷朝高宗武丁为父亲守丧，三年之中不曾发布政令，他夜晚做梦，梦见天帝赐给他一位杰出的辅佐大臣，他梦醒以后，就画出此人图形，命人到全国各地寻找，终于在筑墙的奴隶中找到了傅说，于是任命他为相国，结果天下大治，殷道（殷代的政治与礼制）大为兴盛。

梦飞熊入兆

周太公吕望钓于渭滨，文王梦飞熊之兆，太史占曰："主得王者师。"文王出猎而遇太公，与之言而悦，以御车载归拜师。尚父佐武王伐纣而有天下。胡僧有诗云："岸草青青渭水流，子牙在此独钓垂。当时未入飞熊梦，几向斜阳叹白头。"

【译解】

周太公（即姜尚，姜子牙）每天在渭水之滨垂钓，以等待施展本领的机会，恰在此时，周文王姬昌做了一个梦，梦见了飞熊之兆。太史就此梦占了一卦，并说：此梦预示着主上您将得到一位贤师。文王出外打猎，最后在渭水之滨遇到了太公姜子牙，与他畅谈后，不禁大悦，就用自己的御车把他载回去，并拜太公为师。周文王死后，姜尚辅佐周武王出兵讨伐殷纣王，从而夺得天下。胡僧因之作诗一首："岸草青青渭水流，子牙在此独垂钓。当时未入飞熊梦，几向斜阳叹白头。"

梦赐兰花兆

郑文公有妾燕姞，梦天使与兰花，有国香入腹，遂生穆公名兰，享国四十余年，郑国大治。

【译解】

春秋时期，郑文公有名爱妾叫燕姞。一天，她梦见上天派使者给她送来兰花，兰花非常香，有一股香气直入她的腹内，后来就生了郑穆公，起名叫兰。郑穆公在位四十多年，郑国得到大治。

梦争太阳兆

秦始皇于御园饮宴，忽然困倦，昼寝。其间梦一小儿从东来，穿青衣，面如黑铁，向前把太阳抱住；又一小儿从西来，穿红衣，面如傅粉，叫曰："且住，不可夺吾太阳。我奉上帝命，吾掌管。"青衣子不服，连跌红衣子七十二交，红衣子跳起，只一拳打死青衣子于地。红衣子曰："他虽英雄，怎有我福分?"抱太阳便走。始皇叫曰："你姓甚名谁?"红衣子曰："吾赤帝子也。"预得此兆，江山后归于炎汉。

【译解】

秦始皇有一天在御花园中设宴饮酒，忽然感到困乏疲倦，他就在大白天睡了一觉，这期间他做了一个梦，梦见一小孩从东方而来，身穿青衣，面如黑铁，上前把太阳抱住；又有一个小孩从西方而来，身穿红衣，面如敷粉，并向身穿青衣的小孩叫嚷道："住手！不能夺走我的太阳！我是奉天帝之命前来，太阳归我掌管。"青衣小孩不服从他的命令，就和他打了起来，并连摔红衣小孩七十二跤。红衣小孩从地上跳起，上前只一拳就把青衣小孩打死在地。然后红衣小孩自己说道："他虽然是位英雄，但是怎么会比我有福分！"秦始皇惊叫道："你姓什么?叫什么?"红衣小孩回答说："我是赤帝的儿子。"秦朝灭亡之前，秦始皇在梦中就得到了预兆，江山后来果然归于具有火德的刘姓汉朝。

梦拔羊角兆

沛公为亭长时，夜梦逐一羊，拔其角，尾俱落。解曰："羊去角尾，乃王字也。"后果为汉王，以应此兆也。

【译解】

沛公刘邦在老家当亭长的时候，梦见自己在追逐一只羊，他拔了羊的角，羊角就掉了，羊尾巴也掉了。有人为此给他解梦（即圆梦），并说："羊去角去尾，乃是一个'王'字。"后来刘邦果然做了汉王，应验了这个梦兆。

梦武曲星兆

韩信未遂志，垂钓河边，盹睡松树下，忽梦武曲坠于身上。后果为大将军，封为齐王。

【译解】

西汉大将韩信没有得志的时候，曾在河边垂钓，感到累了就在一棵松树下打盹，忽然梦见武曲星落在自己身上。后来韩信果然做了大将军，并被封为齐王。

梦得禾失禾兆

后汉蔡茂梦取得中穗禾，复失之，郭乔卿曰：“禾失为秩。得禾失之，乃秩字也，必得禄秩也。”旬日间即征为司徒。

【译解】

东汉的蔡茂在睡梦中取得一株结了穗子的禾苗，不料又弄丢了。郭乔卿为他解梦，并说：“禾、失即为秩，得禾，而又失之，乃为‘秩’字，必得禄秩（禄位）。”旬日间，蔡茂就被征召入朝做了司徒。

梦水破天兆

王敦谋反，梦一水上破天。许负解曰：“此是未字，是未可动也。”

【译解】

东晋时，权臣王敦想谋反，梦见一股大水冲破了天。许负为他解梦，并说：“‘一水上破天’，这是‘未’字，千万不可轻举妄动。”

梦笔点额兆

北齐文宣将受禅，梦人以笔点额。王昙哲曰：“王上加点，为主，当进位也。”

【译解】

南北朝时期，北齐的文宣帝高洋将要受禅称帝，梦见有人用毛笔在他的额头上点了一下。王昙哲为他解梦，并说：“‘王’上加点（当时高洋仅为王），为‘主’，您该进位做皇帝了。”

梦蛆附尸兆

唐高祖起兵，夜梦身坠床下，为群蛆所食。智满祖师曰：“公得天下矣！群蛆共食，意趋附也。”

【译解】

隋朝末年，唐高祖李渊起兵反隋之时，忽然在夜里梦见自己坠到床的下面，并被一群蛆吃了。智满祖师为他解梦说：“您将会夺取天下呀，因为一群蛆同时吃您，意味着天下趋附于您。”

梦鹦鹉折翼兆

武后之将季也，梦鹦鹉折两翼，狄仁杰曰：“鹉者，陛下姓也。两翼，陛下子也。折翼者定无辅也。”乃召帝房州。

【译解】

女皇武则天将要去世的时候，忽然在睡梦中梦见一只鹦鹉折断了两只翅膀，大臣狄仁杰为她解梦，并说：“‘鹉’字，是陛下的姓啊，两翼是陛下的儿子啊，折断双翼意味着陛下无人辅佐。”于是武则天把皇帝李显从房州召回京城。

梦长庚入怀兆

李白字太白，始生时，母梦长庚星入怀，而生以名。长庚即太白。

【译解】

李白，字太白，他将要出生之时，他的母亲梦见长庚星落入怀中，不久就生下了他，就用长庚星的另一个名称给他取名。长庚星又称“太白星”。

梦笔生花兆

李白梦笔生花，自是才思益进。

【译解】

李白梦见他的笔忽然生出一枝花，从此以后，他的诗才大有长进。

梦虎头兆

唐李胜美拜荆州太守，忽梦己首乃虎首，次日闷坐不语。妻问曰：“相公敢是梦头虎么?”胜美惊问曰：“夫人何以知之。”妻曰：“我昨夜梦梳头，对镜照，见妾头是虎头，妾之欢也。古云：君乃龙，臣乃虎，必有封赠。”不旬日，朝取为右相矣，妻赐诰命。

【译解】

唐代的李胜美出任荆州太守时，忽然梦见自己的头成了虎头，第二天，还在为此事闷坐不语。他的妻子问他道：“相公不高兴，敢情不是梦见虎头了吧?”李胜美听后很吃惊，问道：“夫人怎么会知道?”其妻回答说：“我昨夜梦见自己梳头，对镜一照，见我的头竟然是虎头，这让我感到很高兴。古人说‘君为龙，臣为虎’，朝廷将会对你有封赏。”不到十天，李胜美入朝见皇上，皇上果然封他为右丞相，他的妻子被赐为诰命夫人。

梦蛇得珠兆

隋侯姓祝，字元畅，往齐，见一蛇头上有血。隋侯以杖挑放水中而去，后回至蛇所，见蛇含珠来候。不敢取，及回家，夜梦脚踏一蛇，惊醒，乃得双珠。

【译解】

隋侯姓祝，字元畅，有一次他前往齐地，在路上他看见一条蛇，头上有血。隋侯于是用一木杖将蛇挑起并放进水里，然后继续赶路，后来返回时走到他救蛇的那个地方，看见那条蛇口中含着一颗宝珠在那里等候他。他不敢取，等他回到家中，夜里梦见脚踏一条蛇。惊醒之后，就得到了两颗宝珠。

梦吞日兆

赵洪恩妻杜氏，忽梦吞日，遂生匡胤，聪明过人，后登帝位。

【译解】

赵洪恩的妻子杜氏，忽然梦见自己把太阳吞下了，不久即生下了赵匡胤。赵匡胤自幼聪明过人，后来成了宋朝的开国皇帝。

梦邀车驾兆

宋太祖姓赵，字匡胤。少从辛文悦受学。文悦尝梦邀车驾，及见，却是匡胤。至周世祖时，管军务。世宗一日查文书，拾得一本简，上书云："点检作天子。"此时张永德为点检。世宗遂换匡胤代替，后竟受周禅。

【译解】

宋太祖姓赵，字匡胤。少年时期，宋太祖在辛文悦门下读书，辛文悦曾梦见自己邀请皇帝，一见皇帝，竟然发现是赵匡胤。到北周周世祖时，赵匡胤掌管军务；到周世宗时，一天世宗查检文书，从中拣出一本，见上面写着这样几个字："点检作天子。"当时张永德担任点检。为了避免张永德篡位，周世宗赶紧任命赵匡胤为点检，让他取而代之。后来赵匡胤受禅做了皇帝。

梦菜生盛兆

宋真宗策士，梦殿下菜生盛，与殿相齐，及折卷，第一人蔡齐也。

【译解】

宋真宗主持由举子参加的策论考试前，梦见金銮殿下有菜生长得很茂盛，长得与大殿的台阶一样高，等到当年科举考试结束，折卷一看，第一名是一位姓“蔡”的举子，名叫蔡齐。

梦手捧天兆

韩魏公梦以手捧天，后为相，辅英宗、神宗。

【译解】

韩魏公梦中用自己的手捧天，后来成了当朝宰相，辅佐宋英宗和宋神宗。

梦吞月兆

甄皇后母梦在花园玩景，仰面观天，忽吞一月，因而有胎，果生皇后，聪明过人。

【译解】

甄皇后的母亲梦见自己在花园里欣赏风景，当她仰面观天的时候，忽然吞下一个月亮，因而怀胎，最后生下皇后，后来这位皇后果然聪明过人。

梦河水干兆

宋帝有疾，夜梦河水干，忧形于色，以为人君者，龙之象也，今河无水，是无所居矣。既而问诸宰辅臣，对曰：“河无水，乃可字也。陛下之疾痊可矣。”帝欣然而疾果愈。

【译解】

宋朝的皇帝得了疾病，夜里梦见河水干了，他为此闷闷不乐，忧形于色，认为皇帝是龙，现在河里没有水，即是龙没有居住之地了。事后他就此事向几位宰辅提起，其中一位回答说："河中无水，乃是一个'可'字，这象征陛下的病可以痊愈了。"皇帝一听很是欣喜，病果然全好了。

梦头生角兆

宋郑獬梦浴于池，视臂，生白鳞，水影中见头上生角。果中状元。

【译解】

宋朝人郑獬梦见他在池子里洗澡，看到自己手臂上生了一层白鳞，水影中看到头上生了角。后来果然中了状元。

梦添须兆

吕蒙正，祖上极富，因代民输纳郡粮，被累致贫，蒙正故居破窑。一日往庙求神，拾得遗金百两，随还失主，丝毫不取。此夜梦神人栽须三茎，后遂及第，为参政，谥文穆公。

【译解】

北宋大臣吕蒙正的祖上非常富有，后来因为代替家乡农民向郡里交纳公粮，被拖累而导致十分贫困，导致他在破窑里居住。一天他前往庙里求神，捡到别人遗失的黄金百两，随后很快就把黄金归还了失主，并丝毫不取。当天夜里他梦见神人在他脸上栽了三根胡须，此后不久，他参加了科举考试，并金榜题名。后来官至参政知事，死后谥号为文穆公。

梦奔二山兆

杨文广征战，被兵困在柳州三个月，夜梦奔二山。将士曰："乃出字也。"次日果出。

【译解】

北宋将领杨文广率军征战，被敌军围困在柳州长达三个月。有一天夜里，他在睡梦中梦见自己登上两座山。将士们对此解释说："两山乃是一个'出'字。"第二天果然突出重围。

梦飞莺兆

岳和妻朱氏有妊，当分娩。夜梦飞莺在房顶上立，始生岳飞，后为大将，谥武穆王。

【译解】

北宋人岳和的妻子朱氏怀有身孕，即将分娩。她夜里梦见一只飞莺飞到房顶上站立，不久生下一个男婴，此人就是岳飞。岳飞后来成为著名将领，死后谥号为武穆王。

梦日入怀兆

武帝母圣王后，梦日入怀，有孕，遂生孝武皇帝。

【译解】

南朝刘宋孝武帝的母亲圣王后，夜晚做梦梦见太阳落入她的怀里，于是就怀了孕，不久就生下了孝武帝刘骏。

梦神剑抉胁兆

唐肃宗吴后梦神人，持剑抉胁以入，烛至其内隐然。后生代宗。

【译解】

唐肃宗李亨，他的吴皇后梦见一个神仙手拿一把利剑剖开她的胁肋，并钻入她的体内，并感觉到他在体内的动作，后来生下代宗皇帝，即是李豫。

梦铃落怀中兆

梁任昉母昼梦五彩旌旗，四角悬铃，自天而降坠。其一铃落于怀中，因而有孕。占曰："必生才子。"遂生昉。

【译解】

南朝梁任昉的母亲白天睡觉，梦见四角悬铃的五彩旌旗自天而降，其中一个铃落入她的怀里，因而怀孕。有人为此给她占了一卦，并说："你一定会生出一个才子。"后来不久就生下了任昉。

梦赐狗肉兆

梁灏未入试前十日，梦一人赐狗肉一片，次日闷闷不悦，解曰："狗即犬也，添一片字即状，必中状元也。"

【译解】

北宋文人梁灏参加科考前十天，梦见一个人赏给他一片狗肉，第二天他为此闷闷不乐，有人为他解梦，并说："狗即是犬，添一'片'字就是'状'字，这预示你必将中状元。"

梦松生腹上兆

丁固梦松生于腹上，因拆松字是十八公。后十八年果为三公。

【译解】

丁固梦见一棵松树生长在他的腹部，有人为他解梦，并说："拆'松'字，即是十八公。"十八年后，丁固果然位居三公。

梦五色笔兆

江淹梦人授五色彩笔，由是文藻大进。后梦郭璞曰："吾笔可见还。"江淹探囊中取五色彩笔还之。自是以后，竟无美句。

【译解】

江淹梦见有人送给他一支五色彩笔，文采因此而有很大的长进。后来他又梦见郭璞对他说："我的那支笔可以还我了。"江淹就从袋子里取出那支五色彩笔还给他。自此以后，江淹竟然再也没有写出好的文章。

梦乘龙兆

丁咸未第时，梦乘龙而起，回顾又有骆驼在后。及登第，其次乃龙起骆起也。

【译解】

丁咸还没有科举及第时，梦见自己乘龙而起，回头一看，又见有骆驼跟在后面。等到他科举及第，才发现他所得名次的前后竟然是龙起、骆起二人。

梦魁星兆

方林登第时，前一日，梦一鬼戏一斗。寤而想之，曰："鬼边一斗是魁字也。"后果中魁。

【译解】

方林登上科第的前一天，梦见一个鬼在戏弄一只斗。他醒后仔细想了想才明白，并说："鬼边一斗是'魁'字。"后来他果然考取第一，成为魁首。

梦先入试兆

有士子未赴试，梦先已入场，文字撰毕，诸人始至。觉而语妻曰："今科吾定大魁也。"妻曰："非也。子不闻《论语·先进》乃第十一也？"及揭榜，果如其言。

【译解】

有一名读书人，还没参加科举考试，却梦见自己先进考场，卷子写完，别人才入场。梦醒之后他对妻子说："今年参加科考，我一定会夺得第一名。"妻子却说："不对。你不知道《论语·先进》是第十一篇吗？"金榜一出，果然像她说的那样，排在金榜第十一名。

梦分梨兆

杨进贤任南阳刺史，登舟，暮夜披风，荡舟失子，忽梦与兄弟分梨。一人解曰："分梨，主不见夫，妇思慕之甚？"又令一人解曰："梨开，见子。"不数日，果见。

【译解】

杨进贤担任南阳刺史，即将赴任之时，他在夜晚乘船逆风而行，船颠簸得十分厉害，导致他失去一个儿子。他忽然梦见与兄弟分梨。一人为他解梦说："主夫人不见丈夫，思慕得很。"他又让一个人为他解梦："梨开，就可以看见籽（子）了。"没几天，他果然找到了失去的儿子。

梦桐柱转兆

杨休之梦至一大家，见一桐柱跌为荷巢形。休之以手抱桐柱，曰："柱转三匝，吾位至三公。"其柱遂转三匝。后果至三公。

【译解】

杨休之在睡梦中梦见他来到一个名门大户，见到一根桐柱子倒在地上，摔成了荷巢之形。杨休之用手抱住桐柱，并说："柱转三匝，我将位至三公。”那根桐柱子果然转了三周。后来杨休之果然位至三公。

梦飞燕入怀兆

张说母梦一玉燕飞入怀中，因而有孕，遂生张说，后为宰相。故有“飞燕投怀”之句。

【译解】

张说的母亲梦见一只玉燕飞到她的怀中，因而有了身孕，于是就生下张说。后来官至宰相，因此史上有“飞燕投怀”这一名句。

梦授棋子兆

李泰伯母梦二道士在户外弈棋，遂往观之。道士取局中一子授焉，遂怀孕，生泰伯。

【译解】

李泰伯的母亲梦见两个道士在屋外下棋，于是走上前去观看。道士从棋盘上取出一个棋子给她，随后她就怀了身孕并生下李泰伯。

梦人与大秤兆

上官昭容母郑氏方妊，梦一巨人与大秤曰：“恃此秤量天下。”后果秉政。

【译解】

上官昭容（即上官婉儿）的母亲郑氏刚怀上身孕时，梦见一个巨人交给她一杆大秤，并说：“凭借这杆秤称量天下。”后来上官婉儿果然把持朝政。

梦彩云化凤兆

徐陵母梦五色云化为凤，集左肩上，已而生陵。僧宝志摩其顶曰：“天上石麒麟也。”

【译解】

徐陵的母亲梦见五色彩云化为一只凤，站在她的左肩上，不久就生下了徐陵。高僧宝志法师用手抚摩徐陵的头顶说："这是天上的石麒麟转世。"

梦撑铁船兆

政和年间，吉水杨某往南祠祈梦，梦神言曰："汝问功名，须待张果老撑铁船方能领荐。"既觉，自思曰："必不能也，岂有张果老撑铁船之事?"及后入闱，贡闱被火，权就寺观考试，杨某入试至于廊庑下坐，忽见壁上所画乃张果老撑铁船故事，心中自喜。后果领荐。

【译解】

北宋宋徽宗政和年间，吉水杨某前往南祠去求梦兆，梦见神仙对他说："你求功名，必须等到张果老撑铁船渡江才能领荐。"梦醒后，他心想道："看来我肯定不能取得功名，因为哪有张果老撑铁船渡江这种事呢?"到后来举行科举考试，由于考场遭火灾而被烧毁，只好暂时借用寺观进行考试。杨某进去参加考试，走到一条走廊下，忽然看到墙壁上有一幅画，上面画的正是张果老撑铁船渡江的故事，心中不禁暗喜。后来杨某果然考中了。

梦刀悬梁上兆

王濬梦悬二刀于梁上，须臾又益一刀。李毅曰："三刀为州。又，益者明府也。"后果迁益州刺史。

【译解】

王濬在睡梦中梦见房梁上悬着两把刀，片刻之后又增加了一把。李毅解梦说："三刀是个'州'字（古隶书'州'字像三个刀字）。又有，'益'字是说明你将去何处做官。"后来王濬果然升任益州刺史。

梦换神鼻兆

徐郎中梦神人携一竹篮，其中皆是人鼻。神曰："徐郎中形相不薄，但鼻曲而且小。"遂削中于篮中，换一鼻安上。神曰："安一正郎鼻也。"徐惊觉，取镜照之，鼻果端正且大。后历官正郎。

【译解】

徐郎中在睡梦中梦见一位神仙携带一只竹篮，里面装的都是人的鼻子。神仙对他说："徐郎中形貌不差，但鼻梁弯曲不直而且小。"于是就用刀削下他的鼻子放进篮子里，换了一个给他安上。神仙对他说："给你安的是正郎（六部尚书）的鼻子。"徐郎中惊醒之后，取出镜子一照，鼻子果然变得端正并且较大。后来他果然官至正郎。

梦赐褥席兆

柳庆远从兄世隆曰："吾昔梦太尉以褥席见赐，吾遂亚台司。适又梦以吾褥席与汝，汝他日必光吾门族。"庆远后果为开封府太守。

【译解】

柳庆远的堂兄柳世隆对他说："我过去曾梦见太尉大人将褥席赏赐给我，我于是做了副宰相。刚才我又梦见我把褥席送给你，你将来必能为我们柳氏家族增添荣耀。"柳庆远后来果然成为开封太守。

梦与帝须兆

周必大免官辞归，梦人言曰："扫雪迎宰相。"只听其言，未见其人。忽见朱门洞开，必大竟入，见殿上一人语曰："汝貌虽陋，吾以帝须赠之。"既觉，头面俱痒，遂生美须。后居台鼎。相者赞曰："公所贵者，得此帝王须也。"

【译解】

周必大辞官去职回到老家，在睡梦中梦见有人对他说："扫雪迎宰相。”只听见这个人说话，却没有看见这个人长什么样。忽然看见朱门大开，周必大就走了进去，听见殿上一个人对他说：“你的容貌虽然丑陋，但是我把帝王的胡须赠送给你就好了。”梦醒之后，他觉得自己头上、脸上都发痒，接着长出了一脸美须。后来他官至宰辅。相面之士称赞他说：“你之所以高贵，是因为你脸上有帝王美须的缘故。”

梦换鬼眼兆

陶谷少时梦数吏云：“奉符换眼。”吏索钱十万，安第一眼。谷不应。吏又云：“若有钱五万，安第二眼。”谷不答。吏曰：“止安第二眼。”遂以二丸纳入眼中。既觉，深碧。相者曰：“好贵人骨气，奈一双鬼眼，不能至大位。”

【译解】

陶谷年少的时候在睡梦中梦见数个官吏对他说：“我们能用符咒给你换眼。”索钱十万，安第一种眼。陶谷不予理睬。他们又说：“如果有钱五万，给你安第二种眼吧。”陶谷仍然没有答应。他们就说：“只给你安第二种眼。”于是就把两颗丸状的东西放进陶谷眼里。梦醒以后，他的眼睛变得又深又绿。相面之人看见他感叹说：“好一副贵人骨相神气，可惜长了一双鬼眼，不能做大官。”

异梦纪略

华胥梦

轩辕黄帝昼寝，梦游华胥氏之国，即觉悟，后天下大治，竟如华胥氏之国。

【译解】

轩辕黄帝白天睡觉时，梦见一个称作“华胥氏”的国家，这里的一切都很美好。梦醒以后，后来天下大治，竟然变得像华胥氏国一样美好。

周公梦

孔子少时，志欲行周公之道，故尝梦之。及其老也，叹曰：“甚矣，吾衰也；久矣，吾不复见梦周公！”

【译解】

孔子年轻的时候，立志要在天下推行周公的治世之道，因此，曾经梦见周公。等到他年老时，感叹道：“我衰老得很厉害了，很久不再梦见周公了！”

庄周梦

庄周尝梦身化蝴蝶，翩翩自得，遂隐而不仕，著《南华经》以喻世。

【译解】

庄子曾经梦见自己变成一只蝴蝶，终日翩翩飞舞，怡然自得，于是决定隐居山林，永不做官，并著《南华经》（即《庄子》），以劝谕世人。

广乐梦

秦穆公梦至帝所，观钧天广乐，帝赐以策，秦遂昌盛。

【译解】

秦穆公梦见自己来到天帝的宫殿，聆听了天上的乐曲，天帝还赐给他治国的策略，后来秦国很快就昌盛起来。

高唐梦

楚襄王与宋玉游云梦台，望高唐之观上有云气，王问曰："此是何气也。"玉对曰："昔日先王尝游高唐，昼寝，梦一妇人曰：'妾乃巫山女也，今为高唐之神，闻王至此，愿荐枕席之欢。'王因幸之。辞去而曰：'妾乃巫山之阳，高唐之北，朝为行云，暮为行雨，朝朝暮暮，阳台之下。'"

【译解】

楚襄王和宋玉共游云梦台，远远望去，见高唐观上有云气缭绕，楚襄王问宋玉说："这是什么气啊？"宋玉回答说："过去先王曾经来高唐巡游，白天睡午觉的时候，梦见一妇人对他说：'我本是巫山的一名女子，现今为高唐之神，听说大王您来到这里，我愿为您献枕席之欢。'先王就和她行了男欢女爱之事。她临走之时对先王说：'我在巫山的南面，高唐的北面，早晨是行云，晚上是行雨，从早到晚，从晚到早，一直在阳台之下。'"

邯郸梦

开元间，卢生因举进士落第，还家，到邯郸县投入客店，煮黄粱饭吃。卢生身体困倦，思想要睡。店中适有一道人授以磁枕，卢生舒身就枕，朦胧睡去，见朱门大户，信步而入。内有佳人，相约结婚成亲之事。后去赴选，得中状元，授翰林之职，与宰相李林甫不合，出为陕州知州。奉命开河有功，升为御史中丞兼征西大将军。领兵出师，得功奏捷，封为定西侯，进吏部尚书，又被李林甫排陷，贬窜岭南。及林甫被诛，复诏还朝，尊为上相，加封赵国公，寿享八十有余，一病而终。惊醒来时，方知是梦。卢生叹曰："荣华富贵五十余年，不过片时。"梦里，黄粱犹未熟也。

【译解】

唐开元年间，卢生因为没有考中进士，落第回家，路过邯郸县时投入客店住宿，自己煮小米饭吃。卢生身体已很困倦，想要睡下。店中遇一道士送给他磁枕，卢生躺下就睡，朦胧睡去以后，看见有一家朱门大户，迈步进入。大户内有漂亮的女人，与他相商结婚之事。后来他赶考中了状元，授给翰林的职务，但是因为与宰相李林甫不和，出朝做了陕州的知州。因为奉命开河有功，升为御史中丞，并兼征西大将军。领兵出征，奏捷立功，被封为定西侯，升为吏部尚书，后又被李林甫排挤诬陷，贬谪放逐到岭南。等到李林甫被杀，又奉诏还朝，推举为上相，加封赵国公。享年八十有余，一病而命终。受惊醒来的时候，才知道这是梦中的事。卢生感叹说："荣华富贵五十多年，不过片时罢了，梦里的黄粱（小米饭）还没有煮熟呢！"

南柯梦

贞元间，淳于棼因酒后触犯主帅，遂去官职，流荡扬州东门。居住宅旁，有古槐一株，尝与亲朋交饮其间。一日，醉卧于此，梦二使者，称是大槐安国王相邀，将公主招你做驸马，顷刻成亲。出为南柯太守，在任二十多年，所生二女五男，皆配显宦，极其宠盛。因右相妒他，在国王处说他威权太重，暂遣回家。及至醒来，乃是一梦。大槐安国就是古槐。根旁有一穴，穴内有一窝蚂蚁，国王就是蚁王，南柯郡即槐树向南一小枝也。

【译解】

唐代贞元（唐德宗年号）年间，淳于棼因为酒后触犯主帅，而被罢去官职，流荡于扬州的东门。他所居住的宅旁有一棵古槐树，他曾经与亲朋好友在这里喝酒。有一天，他醉卧在这里，梦见两位使者，说是大槐安国国王邀请，用公主招他做驸马，并且在很短时间内就成了亲。后来出朝做了南柯太守，在任二十多年，生了两个女儿、五个儿子，都匹配了显耀的高官人家，非常受宠和兴盛。因为右相嫉妒他，在国王那里说他威权太重，结果被暂时遣送回家。及至醒来，却是一个梦。大槐安国就是古槐。槐树根旁边有一个洞，里面有一窝蚂蚁，国王就是蚁王，南柯郡就是槐树南面的一个小树枝。

镇恶梦符

含净水一口，右手持刀，振六七下，面东噀之。咒曰：“赫赫阳阳，日出东方，此符断却恶梦，拔除不祥。急急如律令，敕!”

十二支日佩带安贴符列后：

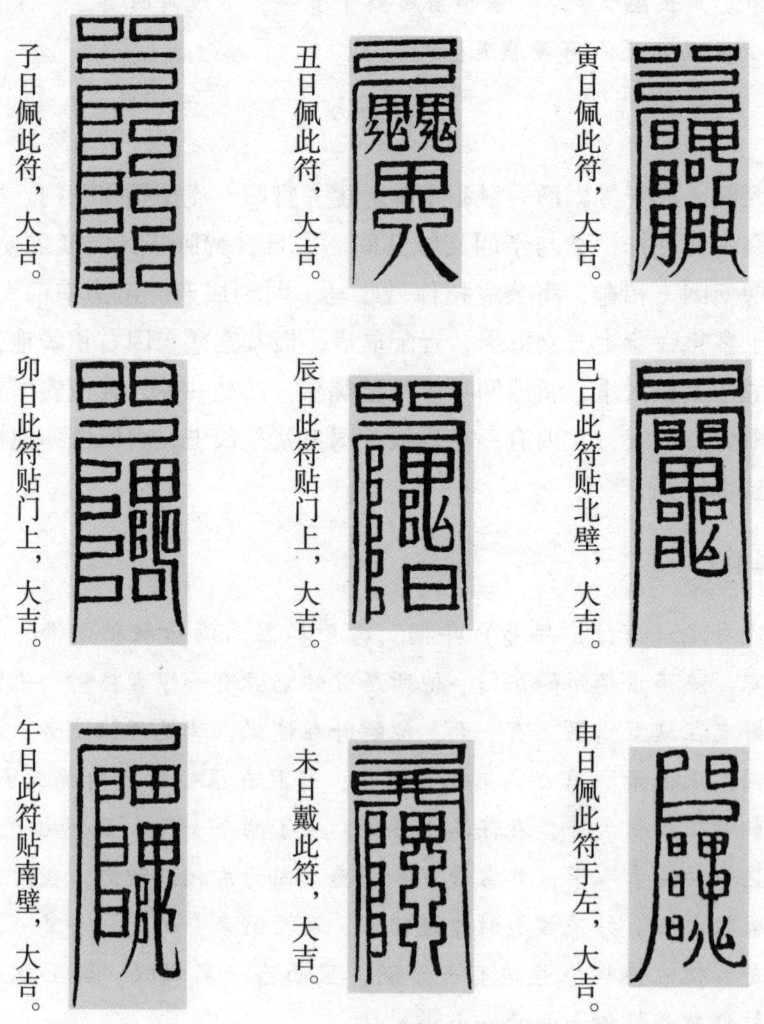

子日佩此符，大吉。

丑日佩此符，大吉。

寅日佩此符，大吉。

卯日此符贴门上，大吉。

辰日此符贴门上，大吉。

巳日此符贴北壁，大吉。

午日此符贴南壁，大吉。

未日戴此符，大吉。

申日佩此符于左，大吉。

亥日此符安灶中，大吉。

戌日此符贴西壁，大吉。

酉日戴此符，大吉。

以上诸符，俱用黄纸朱书，依前佩戴安贴，大吉。

《周公解梦全书》①

诗曰：

夜有纷纷梦，神魂预吉凶。
庄周虚幻蝶，吕望②兆飞熊。
丁固生松贵，江淹得笔聪。
黄粱巫峡事，非此莫能穷。

天地日月星辰第一

天门开贵人荐引，天光照身疾病除。
天晴雨散百忧去，天明妇人生贵子。
天门未至有兵荒，仰面向天大富贵。
乘龙上天主大贵，上天求妻儿女贵。
天上取物位王侯，飞上天富贵大吉。
登天上屋得高官，天裂有分国之忧。
天星明主公卿至，天欲晓益寿命吉。
渡天河主有所吉，天地合所求皆得。
天公使有大吉祥，日月初出家道昌。

日月照身得重位，日月落忧没父母。
日月昏暗孕妇吉，日月欲出有官职。
日月合会妻有子，日月衔山奴欺主。
抱负日月贵王侯，吞日月当生贵子。
礼拜日月大吉昌，日光入屋官位至。
日初出无云大吉，日出有光有好事。
云开日出凶事散，日入怀贵子月女。
拜星月烧香大吉，云忽遮日有阴私。
星入怀主生贵子，星落有病及官事。
星列行主添奴仆，持执星宿大富贵。
流星不落主移居，巡天摩星位公卿。
云起四方交易吉，五色云主大吉昌。
云赤白吉青黑凶，见浮云作事不成。
云雾遮事大吉利，黑云至地时气病。
霜雪降主事不成，雪下及时大吉利。
雪落身上万事成，雪不沾身主孝服。
雪落家庭主丧事，阴雨晦时主凶事。
行路逢雨有酒食，雷霆作威官位至。
雷声恐怕私居吉，雷从地震主志远。
身被霹雳主富贵，电光照身主吉庆。
赤虹见吉黑虹凶，霞满天百事欢悦。
狂风大雨人死亡，风吹人衣主疾病。
忽大风国有号令，风如吼主远信至。

地理山石树木第二

地动主迁官位吉，地裂主疾病大凶。
修平田地大吉昌，地高下不平主病。
卧于石上主大吉，地中黑气上主凶。
运石入家主富贵，石上得利禄大吉。
磐石安稳主忧疑，登岩抱石官职迁。

手弄小石生贵子，身入土中百事吉。
自身取土被耻辱，升山落地失官位。
上山恐怕禄位至，上山毁坏主凶恶。
游看高山春夏石，行走土坡病患除。
居住高山有喜事，山行得财有福禄。
抱物上山孕贵子，山中农稼衣食丰。
枯木再发子孙兴，堂上地陷主母忧。
园林茂盛大吉利，树木枯死宅不安。
林中坐卧病欲痊，树木凋零主人凶。
林中树茂生贵子，种树木者大吉昌。
登大树名利显扬，上树忽折有死伤。
与人分花主分散，枯木开花兴子孙。
大树落叶屋中吉，立树下贵人庇荫③。
树生堂上忧父母，大木忽折主凶恶。
担木来家财喜全，砍伐大树多得财。
草木茂盛家道吉，地中生果树生子。
松生屋上主三公，家中生松事转吉。
家中生柏事吉利，庭前竹木喜重重。
枫生屋上百事遂，兰生庭前主添孙。
果林中行主得财，入果园中大发财。
桑生井上主有忧，果树多熟子孙安。
折笋到家主有子，见笋生子又生孙。
扫地除粪家欲破，粪土堆者钱财聚。

身体面目齿发第三

自身白衣人所谋，梳头洗面百忧去。
身拜尊长大吉昌，身上汗出主凶恶。
身病虫出得重职，身上虫行病患安。
绳索系身长命吉，枷锁临身病欲来。
身或肥瘦皆为凶，面对官者主大吉。

露体无衣大吉利，妇人披头[④]有私情。
头白主长命大吉，头生两角有争竞。
头秃发落皆凶事，面生黑疮主子凶。
洗手洗足旧患除，照镜明吉暗者凶。
沐浴迁官疾病除，头发白落忧子孙。
头须再生主长命，破镜照人主分散。
手足腰血出大吉，尿屎污人大吉亨。
露头披发阴人谋，披发盖面官讼至。
剪剃头发家内凶，发与眉齐禄位至。
齿自落者父母凶，齿落更生[⑤]父母凶。

冠带衣服鞋袜第四

戴冠登车官欲迁[⑥]，自戴幞头[⑦]巾帽吉。
簪冠登台职位迁，贵人与之衣冠吉。
新换衣冠禄位至，烧毁冠帽欲更官。
失去冠帽主退职，拾得冠带禄位至。
与人公服主得职，人与公服加官职。
女着冠带主生子，染服洗笏[⑧]新官来。
执笏见贵人大吉，笏破忧凶大不祥。
与人笏绶主迁官，腰带者主官至吉。
文书用印有声名，带印主妻生贵子。
着新袍主添妻妾，着锦绣衣子孙荣。
洗染衣服皆大吉，披蓑衣主大恩至。
被油污衣大恩泽，衣服忽破妻外心。
新衣攒来百事凶，与人衣服主患至。
裁衣着孝衣皆吉，衣带自解百事吉。
着黄衣皂衣皆吉，着白衣主有人请。
着青衣神人助力，着蓝绣衣妻大利。
众人着紫主情弊，众人着衣家人散。
众人着白主官事，众人着红大吉利。

妻着夫衣失贵子，女人着衫平无事。
与人共衣妻私情，失却衣服妻难产。
好被自盖得富贵，人着己履妻有私。
得靴鞋主奴婢吉，失履主奴仆逃走。
脱靴束带主有凶，鞋破子孙妻妾病。
着麻鞋事和合吉，新授官爵主贵子。
乞得鞋履人助力，木履脱时已出厄[9]。

刀剑旌节钟鼓第五

君王队仗[10]有异吉，旌旗[11]受宠大吉利。
抱旌节[12]主贵人扶，旌旗引入山主凶。
造旌盖主大吉利，羽盖[13]盖身主富贵。
旗幡迎接大富贵，旗幡竟出主疾病。
手持旌节有恩赏，白盖覆身大吉利。
见做新旗大吉利，与人分金主分散。
拔刀出行大吉利，得人刀主行人至。
人与三刀作刺史，与人相砍大吉利。
被刀出血得酒食，持刀刺人主失利。
刀斧自伤大吉利，得人刀斧禄位至。
刀落水中妻妾亡，失落刀剑主破财。
带刀剑行有财利，剑刀剑锋快大吉。
与人刀剑皆主凶，剑在床头大吉利。
女人带刀大吉庆，女人拔刀主有子。
剪刀主分财之吉，剪刀剪物主得财。
剪刀折股妻妾凶，甲胄[14]庇身主吉利。
枪槊[15]主官位吉利，见军兵败主有凶。
钟磬有声远人来，钟鼓大鸣福禄至。
打鼓有声远人来，见鼓住声欢乐吉。
见鼓不鸣凶必至，看放烟火百忧散。

帝王文武呼召第六

帝王宣召有惊喜，后妃呼召饮有疾。
太子召大喜吉利，天子赐坐有财吉。
见老君言有仙分，拜佛欲动有大财。
看太上陈事大吉，神佛嗔怒皆不吉。
王侯并坐大吉利，求见贵人不得凶。
与圣贤说话大吉，使命入门大吉利。
白衣召作使死亡，拜尊长者有吉庆。
先祖考[16]言求食吉，人云大好者即凶。
人云使者得长命，人在外呼之主凶。
我欲共汝主大凶，人云不用汝大吉。
与恶人言有口舌，被杀害吉伏藏凶。
身生羽翼飞大凶，身逃走得脱病去。
与人交易主有疾，贫穷共居主大吉。
同伴合行凶事至，一切贵人皆吉利。

宫室屋宇仓库第七

入帝王宫行大吉，拜朝廷者主贵至。
入王侯府库大吉，行道宫见仙主声。
坐官府中主大吉，神庙广大事事吉。
上楼阁坛俱大吉，上高堂大富贵至。
高楼饮酒富贵至，家起高楼安稳事。
上城为人所搜吉，上城被执官职显。
城郭广大财喜多，城中行凶出门吉。
连城青色有喜吉，登赤城郭主大吉。
盖城上屋大吉利，上屋主富出园吉。
上屋破坏家道凶，堂上有官身安乐。
正堂倒陷家主凶，复盖屋宇长命吉。
屋宅更新主大吉，风吹屋瓦主迁移。

迁入他人新宅吉，居田宅主妻喜事。
搬移破屋主美妻，人或典房主官位。
家道贫穷大吉利，洒扫宅舍远人来。
与卖田舍主失位，屋宅无人主死亡。
屋下穿身有暗昧，逾墙渡宅险事去。
与人争屋主大凶，与妇人争屋主吉。
房梁忽折主大凶，院宅坑下主死亡。
妻男墙下官位至，墙上掘土主更改。
军人入宅主大吉，鸳鸯瓦落妻争斗。
屋中生马男信至，屋中生草家欲空。
屋上生松柏益寿，修理田舍有大喜。
入寺院中生贵子，寺舍看经病人痊。
迁移尼寺主病至，起盖仓库福禄至。
仓库破坏百事凶，入仓库中大吉昌。

门户井灶厨厕第八

门户高大主富贵，新开门户主富贵。
门户忽开主大吉，门户大开大吉利。
门更新主生贵子，门自开妻有私情。
门户裂开主大吉，门户破坏有凶事。
城门大开主口舌，宫城塞者口舌至。
门户闭塞事不通，门户败坏主大凶。
门扇自开奴仆走，门户内无人大凶。
修移门户大吉利，石为门户主寿命。
门前生洲作刺史，门前坑沟事不成。
天火烧门主凶事，屋开小门主私情。
穿井见水远信至，井自损坏主大败。
井中沸溢主得财，井枯涸者家败散。
井中照身禄位至，身坠井中疾病凶。
屋在井中主见病，取井水清吉浑凶。

井中负泥出主财，井中欲干家欲破。
井中有鱼身主贵，窥井有声口舌生。
伏藏井中刑狱事，坠落井中官信至。
家住井中长子凶，人云出井喜信至。
淘井造井主大贵，器皿落井有急事。
灶下水流得横财，灶下燃火有声名。
灶釜破败有死亡，灶下炊者家欲破。
灶下器鸣主口舌，屋有二灶事不成。
修造一灶大吉利，在官厨中禄位至。
自炊臼中妻妾亡，淘厕者主得横财。
上厕在尿屎中吉，厕中粪溢大吉利。
粪中坐者主大凶，粪土堆积主得财。

金银珠玉绢帛第九

金银宝者主富贵，金银珠玉大吉利。
金银杯皿有贵子，金银作铛器大吉。
玉积如山大富贵，得金玉环生贵子。
铜铛主有口舌至，珠玉满怀主大凶。
得玉碗器物皆吉，见铁器物主财得。
铅与锡者主得财，得铜物主大富贵。
镶嵌器物疾病去，还人钱物疾病去。
拾得钱物皆大吉，钱春夏吉秋冬凶。
家中分财主分散，赠彩帛者主有权，
贵人赐绫锦官至，人赐锦帛大吉昌。
与人丝帛大凶恶，得他人麻布衣凶。
得布帛远亲来至，与人衣服官事至。
寻丝绢主进人口，绩纺者主寿命长。
经络者主被人辱，箱器主口舌之事。

镜环钗钏梳篦第十

镜明者吉暗者凶，拾得镜者招好妻。
将镜自照远信至，镜照他人妻妾凶。
得他人镜有贵子，他人弄己镜妻凶。
镜破主夫妻离别，金钗动有远行事。
金钿成双增爱妾，钗钏相敲妻必凶。
金钗耀主生贵子，花钗妻妾有奸佞。
银钗夫妻主相殴，花压妻妾生外心。
人与梳篦得美妾，牙木梳旧事尽去。
见篦子贵人提携，得篦子者美女至。
刷牙者病患不生，得胭脂粉主生女。
见脂粉大美财利，得粉扑妻生娇女。
手帕者主口舌事，得针线者百事就。

床帐毡褥匙箸第十一

床帐改主官迁移，舒展床帐大富贵。
新安床帐远人来，床帐出门者妻亡。
床帐改换移居吉，床上有蚁主不祥。
床帐破损妻欲亡，开帐幔主有酒食。
帐幔坏者妻有病，床脚新抚奴仆凶。
上床卧者大凶恶，血在床妻妾有奸。
洗床帐则主大吉，荐席入吉出则凶。
破席者主失官位，换席入吉出则凶。
席箪者主有力助，毡褥铺陈万事稳。
毁帘幔者妻有凶，新帘者主得好妻。
铺席合坐得功位，好被自盖主大吉。
见好枕有贵人扶，见手帕主有口舌。
手中绢布病患至，毛扇忽持官事吉。
鼎鼐者主有大财，釜溢者主得大财。

玉石器主有人助，铜铛者主口舌至。
锅铁破主有丧事，铜盏破主有恶事。
瓷碗者主酒食至，瓷碟者主口舌至。
匙主益妻妾子孙，箸主益田宅奴仆。
盆主益仓库大吉，掇盆脱底主财散。
火盆瓮器大富贵，洗面盆者美妾至。
大小盆者主团圆，得盆子者所求得。
桶盛水者主大吉，桶无水者主大凶。
人送大桶主得利，桌架于宅事不成。
锯主有断决之事，碾衣石移居大吉。
锤钻者主侵害事，锤欲举动有人扶。
凿主被人驱使吉，熨斗盛火好事成。
薰笼者益增产业，人与秤者主权位。
绳索主长命大吉，绳索断者主凶恶。
人与凿者得拾金，人送帚者主得位。

船车游行物件第十二

船飞行主大富贵，船浅在岸是非厄。
乘船渡江河得官，船中有水主得财。
乘船看日月得职，乘船过日月主富。
乘船饮酒远客至，与人同船主移居。
乘船风帆大吉利，乘船见舵主安稳。
乘船桥下过大吉，病人乘舵必主死。
助人乘船官位至，身卧船中主有凶。
执火入船主大吉，家中乘船主没财。
乘船看花酒食至，船车破碎主不祥。
车轮破夫妇相别，车轮折倒主破财。
车载不起厄事至，驾车游行禄位至。
车行主百事顺利，车不行所求不遂。
车入门主有凶事，病人上车主大凶。

丧车过者主灾散，行车白马主大吉。
四马驾车吉反凶，以羊驾车事不常。
备马者主远行事，远行出入命通达。

道路桥梁市集第十三

见四路通名利遂，道中得财主通达。
道泥荆棘事不成，大道崩陷主财凶。
修桥梁者万事和，见渡船主有官事。
桥上坐主禄位至，见桥坏主有官事。
携手上桥妻有孕，桥上呼唤讼得理。
新造桥者大和合，桥断者主有口舌。
桥柱折者子孙凶，桥路上住车皆凶。
夫妇入市主置产，见市中无人主凶。

夫妇产孕交欢第十四

夫妻宴会主相别，夫妇相骂主疾病。
夫妻分钗主别离，夫妻相打欲和会。
同妇人行主失财，抱妇人主有喜事。
与妇人交有邪祟，与妇人共坐大吉。
抱夫主大得财喜，妇人与夫入水吉。
夫妇各与梳头吉，夫妇相拜主分别。
交接男子主失利，妻着锦衣生贵子。
妻有子主外私情，见妇人阴主口舌。
妇人赤身主大吉，男子裸体命通达。
兄弟分别口舌至，抱小儿女主口舌。
小儿死者主口舌，新生男女主大吉。
见嫁娶及孝主凶，男子化为尼姑凶。

饮食酒肉瓜果第十五

人请饮酒主长命，与人饮酒有口舌。
与人吃宴富贵至，筵会客人家欲破。
饮酒者主哭泣事，饮酒至醉主疾病。
贵人赐宴主疾病，与贵人对饮大吉。
人请吃酥酪主喜，与人吃乳尊亲至。
与人吃蜜大吉利，呕吐者病人主痊。
食水者主得大利，死人食者主疾病。
食羊肉于堂上吉，食犬肉主有争讼。
食猪肉主疾病至，刀割猪肉主生病。
食生肉凶熟肉吉，食自死肉主离别。
食鹅肉主妾疾病，食鸡鸭肉等皆吉。
食馒头主口舌散，见馒头未食主气。
食烂瓜主生疾病，食饼肉饭心不遂。
食瓜子主生贵子，食柿食柑主疾病。
食蒲桃离而复合，食枣者主生贵子。
食桑椹主生贵子，食栗者主有疾病。
食梨者主失财帛，食一切果者凶至。
食茄者主妻有子，食葱韭者主有争。
食薤者有重丧至，食蒜者主灾害事。
食菜者见菜黄凶，食油盐酱醋豆吉。

冢墓棺椁迎送第十六

冢墓高者大吉利，新冢棺椁主忧除。
冢墓上有云气吉，冢墓门开百事吉。
冢墓上明吉暗凶，冢墓生树吉折凶。
冢墓上开花大吉，墓中棺自出大吉。
将棺入宅禄位至，死人出棺外客至。
开棺与死人言凶，棺殓死人主得财，

升棺水上大得财，空野无人主远行。

文书笔砚兵器第十七

各色经书大富贵，五色纸者大益财。
吞五色纸诗书进，几上有书禄位至。
读书文写字大吉，有人教书大富贵。
见读书者主聪明，观人读书生贵子。
得历日者中黄甲，封书信者主通达。
手弄笔砚主远信，人与墨者文章进。
人将己笔文章退，他人送笔主财进。
君王队伍有异名，得大赦者宅舍凶。
就人卜易主疾病，受人纸钱主大吉。
公座移动主迁官，受职上官财物来。
佩印公爵主大吉，佩印执笏主移居。
佩印信者主誉吉，印绶改迁生贵子。
棋子主添丁进口，打球者主得虚名。
兵马入城禄位至，率众破贼所求得。
在军阵中主大吉，将卒从行主喜事。
征人初出事不成，征人回者主疾病。
见军兵败主大凶，己射人必主远行。
人射己有行人至，持弓矢者主大吉。
挽弓弦断主凶恶，人送弓弩得人力。
弩弦难上兄弟散，弓弩相斗主争论。
戈钺有光禄位至，披甲仗剑得高官。

哀乐病死歌唱第十八

与人哭泣有庆贺，放声大哭欢乐生。
身着孝服官禄至，远人来悲泣主凶。
床上哭泣主大凶，见歌舞者口舌至。
家中欢喜百事吉，怀中琵琶得人力。

旁人与笛有名声，与人扣板有口舌。
常上歌乐主丧事，吹笙者主有更改。
吹笛打鼓有吉庆，他人作乐讼有理。
露齿哭者有争讼，病卧为人扶加官。
病重者主有凶事，自疾病者主有喜。
病人唱歌主大凶，病人哭笑疾病除。
病人起者必定死，病人装车必死亡。
死人哭泣有口舌，死人立者主大凶。
见先亡尊长大吉，死人复活主有信。
见人死自死皆吉，子死者主添喜事。
诸佛菩萨大吉利，问吊他人主生子。

佛道僧尼鬼神第十九

死人哭坏主得财，法师登座有疾病。
老君真人皆主吉，画佛神者得人钦。
看神佛者妻有子，佛共人言有福助。
入神庙神动大吉，造施盖主大吉利。
僧师教人念经吉，道士女冠言语吉。
和尚尼姑看经闷，被鬼神打不吉祥。
堂上神佛大吉利，神佛不成主大凶。
烧香礼拜皆大吉，迎神赛社有外财。
仙圣到家福禄至，与鬼斗者主延寿。
祭祀神道大吉利，身受戒行者子孝。
与神女通得贵子，与尼姑交主失财。

杀害斗伤打骂第二十

被人杀害者大吉，杀死他人大富贵。
持刀自杀者大吉，杀人血污衣得财。
被刀刺尖得快利，持刀相杀见血吉。
刀伤出血主大吉，砍刺见血主大吉。

炙身见血流大吉，刀斧自杀主大吉。
持刀砍人自失力，人砍头脑主大名。
断头而行主大喜，被人脚踢主得财。
打妻妾者主失力，被妻妾打者主凶。
被人打者主得力，女人相打主病至。
兄弟相打大吉利，家中人斗主分散。
看见杀人主大吉，被人签刺大昌吉。
手指折者主子病，向人叩头百事吉。
与人相骂者主吉，被骂佯颠大吉昌。
被人凌辱主得财，杀猪豕者大吉利。
杀羊打羊主病凶，杀虎豹者得重印。
杀牛鹿者大吉利，杀牛食肉主吉利。
杀驴骡马有酒食，杀龟者主有丧事。
杀鸟雀妻妾灾凶，杀鸡鹅鸭主大吉。

捕禁刑罚狱具第二十一

牢狱崩坏有赦吉，坐狱中必有恩赦。
入狱受灾主荣贵，狱中死者官事散。
使人入狱得财吉，入牢狱主有大贵。
盗贼自入狱大凶，牢狱臭污百事吉。
罪人走脱疾病去，赶贼行见者大凶。
枷锁临身疾病至，枷锁折损口舌散。
枷锁入宅主大凶，绳索系身大吉利。
身披罗网主官事，被罗网罩主酒食。
被人疾罚禄位至，被人作贱者大吉。
被人绑主疾病至，被官打身主孝服。
自以杖决耻辱生，枷锁帕布主分散。
入官词讼主大吉，邀人入官主酒食。
吏引入司主大吉，为吏所录有急事。
贵人走马官事明，拷讯杖责主大贵。

田园五谷耕种第二十二

田中生草主大财，种田宽大有禄位。
自种田禾主出行，见种田者禄位至。
教人耕种远行至，使人种田地大吉。
买人田宅主进职，身在禾中大吉利。
破败田地主大吉，割收田禾家已安。
屋上生禾官位吉，见禾丰熟富贵长。
见麦稻主得大财，粳糯米者主大吉。
五谷茂盛主得财，谷穗齐秀大吉利。
米谷堆吉散主凶，大小麦主妻私心。
大豆苗叶子孙凶，米麦相排大吉利。
坐卧米麦主大吉，手中把谷主福禄。
得米谷者主大吉，种禾主长命大吉。
得麦忽失主得秩，粟米必有献物至。
荞麦面饼官事至，麸糠相交家欲俭。
酒曲必主枉屈至，葫芦者主恶事连。
麻缠身者主疾病，麻生如林大吉利。

水火盗贼灯烛第二十三

水上行者主大吉，水上立者主凶事。
水流洋洋有新婚，水上火出主大吉。
自在水中大吉利，自落水中不出凶。
饮水不休得大利，流水绕身有狱讼。
大水澄清大吉祥，人家有水儿子亡。
江海涨漫大吉昌，河水砂石益文章。
火烧日月大人助，火烧河水长命吉。
火烧山野主显达，火烧自身主兴旺。
火焰炎炎主发财，火从地生疾病至。
执火乘行官位至，大火烧天主国安。

身在火中贵人扶，火烟黑色主疾病。
把火行路大通达，把火烧井主病至。
宅中火光大吉利，府中火出有急事。
听选燃火作明府，烧人臭秽主大吉。
见烛者主大发财，灯烛光明大吉利。
众人围炉和合吉，恶人相引疾病至。
赶贼入市不出凶，强贼入宅主家破。
与贼同行大吉利，己身作贼所求得。

垢污沐浴凌辱第二十四

尿屎污身主得财，大便满地主富贵。
患厕中得官位至，落厕出吉不出凶。
厕屋上卧主得财，厕中干者主家破。
架厕屋主有喜财，挑粪回家大吉利。
在泥中所求不成，失大小便主失财。
泥污衣裳主产凶，泥污衣衫主身辱。
男女沐浴上床凶，沐浴尘土疾病安。
洗头迁居疾病除，被辱骂惹人词讼。

龙蛇禽兽等类第二十五

乘龙入水主贵位，龙眠水中求事通。
龙当门者大吉昌，龙死亡主失贵位。
乘龙上山所求遂，龙入井中官被辱。
龙飞有官位大贵，乘龙入市主贵位。
龙蛇入门主得财，龙蛇入灶有官至。
蛇化龙得贵人助，妇人见蛇生贵子。
龙蛇杀人主大凶，蛇咬人主得大财。
蛇入怀中生贵子，蛇行水内主迁荣。
蛇随人去妻外心，蛇入谷道主口舌。
蛇绕身者生贵子，蛇多者主阴司事。

蛇赤黑口舌青吉，蛇黄白主有官事。
凤凰主有贵人助，凤集拳上母病至。
孔雀者主大吉利，鹤上天主小口灾。
鹤鸣者主有官事，鹤入怀中生贵子。
鹤驾车主征伐事，放鹤者主得财利。
孔雀飞舞有文章，鹦鹉妇人主口舌。
鸳鸯散去主妻凶，凫入宅主有大凶。
驾鹞者主禄位至，鸠鸽者妇人有喜。
燕飞入怀妻生子，燕子至有远客来。
空中鸟鸣主妻亡，飞鸟入怀皆主吉。
捉住飞鸟远信至，雀相争斗有官事。
鸦雀相噪主酒食，鹅鸭同游添好妾。
鸟赴蛇来人引见，洗鸡得官鸣口舌。
鸡抱卵主有大喜，鸡在树上主生财。
麒麟者名震天下，白象江中官位至。
狮子吼叫声名振，猛虎大吼主得官。
骑虎行者恶事无，虎入宅中官职重。
虎狼不动见官吉，豺狼恶狗有盗贼。
狼啖脚者主不行，骆驼豹豸得重位。
熊罴主身生贵子，群兔上天得贵位。
獐鹿在家益官禄，活兔在园百忧去。
猫捕鼠者主得财，白兔引路人提携。
鼠咬人衣求所得，鼠大走主有善事。
山猴主有争讼狱，白猿主得禄位至。

牛马猪羊六畜第二十六

黄牛来家主富贵，水牛主先祖索食。
牛上山坡大吉昌，牵牛上山主富贵。
牛角有血主三公，牛触人凡事不成。
牛出门好事立至，水牛来家主丧事。

牛生犊所求皆得，骑牛入城有喜临。
牵牛羊来家欢乐，马舞庭前凶事散。
马行千里大喜至，乘马快喜钝主凶。
走马来往文书事，马入室主奸情事。
马驮钱物失禄位，披衣放马皆凶事。
群马奔走百凶解，罪人走马厄事去。
乘白马者主病疾，被马咬有禄位至。
骑驴骡主得财吉，杀猪吉猪自死凶。
猪豕变人官事至，猪羊搔痒主口舌。
羊作豕行行人至，骑羊上街主得财。
子母羊益命大吉，犬吠人鬼来求食。
犬咬人主失财凶，屋上生马主大吉。

龟鳖鱼虾昆虫第二十七

龟入井宅主富贵，龟蛇相向主生财。
见龟者主女人贵，捉龟者主丧事至。
见鳖者主有得财，鱼飞水上百事散。
井内有鱼迁官至，张网捕鱼大吉利。
人捕鱼作食皆吉，抢鱼拾鱼主小疾。
水中钓鱼大吉利，林中渔猎事无成。
群鱼有子主有财，鲤鱼妻有孕大吉。
大鱼扬动主声名，小鱼生子大吉利。
干鱼下水命复活，虾变鱼主失财利。
身坐鱼虫病患除，螃蟹主百病消散。
蛤蟆鸣走有口舌，水蛭主女人失财。
螺蛳主在外不利，蛤蜊主老来生子。
飞蛾入灯他人败，蚕飞不茧主小吉。
蜂蜈交戏事不成，蜂螫人脚有财喜。
螳螂作堆主失财，蜻蜓对飞美人来。
促织繁有主小恼，蝙蝠群飞阴事良。

蜈蚣咬人寿命吉，蚰蜒主有小财吉。

蚯蚓主田宅大吉，蚊子咬人主有失。

蝇污人衣必有谗，蝼蛔主有不明事。

【注释】

①《周公解梦全书》：此书最早在《宋史·艺文志》中著录，版本颇多，文字、次第各异，作者不详，题曰周公，显系伪托。

②吕望：即姜子牙。

③庇荫：比喻尊长照顾或祖宗保佑。

④披发：指披散头发。

⑤更生：重新生出。

⑥迁：晋升。

⑦幞（fú）头：又名折上巾，软裹，是一种包裹头部的纱罗软巾，起始于汉代。因幞头所用纱罗通常为青黑色，也称“乌纱”，俗称为“乌纱帽”。

⑧笏：古代君臣在朝廷上相见时手中所拿的狭长板子，按品第分别用玉、象牙或竹片制成，上面可以记事。

⑨厄：困苦，灾难。

⑩队仗：仪仗队，旧时仪仗为相对两列。

⑪旌旗：旌是羽毛指示物，基层部队使用；旗指的是布面指示物，高层部队使用。

⑫旌节：旌节是指古代使者所持的节，以为凭信，后借以泛指信符，亦借指军权。

⑬羽盖：古时以鸟羽为饰的车盖。

⑭甲胄：盔甲。胄，古代打仗时戴的护头帽子。

⑮槊（shuò）：古代的一种兵器，杆比较长的矛。

⑯先祖考：称自己已去世的祖父。

六十年地母经占分野所属年岁丰歉歌

甲子年 水潦损田畴。
蚕姑虽则喜，耕夫不免愁；
桑柘无人采，高低禾稻收；
春夏多淹浸，秋冬多滴流；
吴(江南)楚(江湖)桑麻好，燕(北直)齐(山东)禾稻稠；
陆种无成实，鼠雀共啾啾。

少种空心草（油麻)，多种老婆眼（豆也)；
白鹤土中渴（禾也)，黄龙水底眠（麦也)；
虽然桑叶茂，捐纳不成钱（钱也)。

乙丑年 春瘟害万民。
偏伤于楚鲁（山东)，多损魏燕（河南）人；
高田宜早种，晚禾成八分；
蚕娘争斗走，求桑乱纷纷；
渔翁沿山钓（水也)，陌上巡牛羊；
流郎多瘴死，春夏木如珍。

水牯田头卧（油麻也)，犊子水中眠（豆也)；
桑叶先生贵（先贵)，三眠不成钱（后贵)；
有人解言语，种植倍收全。

丙寅年 虫兽沿林走。
疫疾多忧煎，父子居山薮；

牛羊宿高荒，虾鱼入庭牖；
燕魏桑麻贵，扬楚（维扬）禾稻有。

桑叶不成钱，蚕娘枉自煎；
鱼行人道上，豆麦水中淹；
秋来天却旱，晚稻不周全；
贫儿相对泣，米谷贵当年。

丁卯年 犹禾得时丰。
春来多雨水，旱涸在秋冬；
农夫相对泣，耕种枉施工；
鲁卫（河北）桑麻实，梁宋（开封、归德）麦苗空。

桑叶不成钱，种禾秋有厄；
低田多不收，高田还可获；
宜下空心草（油麻也），黄龙满山陌（麦也）。

戊辰年 禾苗虫横起。
人民多疾病，六畜灾伤死；
龙头出角年，水旱伤淮楚；
低田莫种多，秋季忧洪水；
桑叶无定价，蚕娘空自喜；
豆麦秀山冈，结实无多子。

龙尾禾半熟，蛇头喜得全；
流郎夏中少，豆麦满山川；
天虫（蚕也）三眠起，桑叶不值钱；
若人能忏候，终不谩流传。

己巳年 鱼行在路衢。

乘船登陇陌，龟鳖入沟渠；
春夏多澄浸，杨楚及湖苏；
早禾宜阔种，一颗倍千株；
蚕娘哭蚕少，桑叶贵如珠。

岁里逢蛇出，人民贺太平；
桑麻吴地熟，豆麦越淮清；
多种天仙草（禾也），秋冬仓廪盈；
虽然多雨水，黎民尽欢情。

庚午年 春蚕多灾厉。
洪饶水旱伤（江西），荆楚（湖广）少谷米；
桑叶贵如金，蚕娘空作计；
春夏流郎归，秋苗还自坠；
早禾兴晚收，不够了官税。

白鹤田中渴（秧水少也），黄龙陌上眠（麦也）；
蚕妇携笼走，求叶受熬煎；
春夏少雨水，秋冬少地泉；
有人会我意，识候在其年。

辛未年 高下尽可怜。
洛水豆麦秀，扬楚少流泉；
桑叶初还贵，向后不成钱；
国士无灾难，人民须感天。

玉女衣裳秀（禾也），青牛陌上黄（油麻）；
从今三两载，贫富总成仓；
若人识我意，种植足糇粮。

壬申年　高下也无偏。
春秋多浸溺，中夏少甘泉；
豆麦歧边秀，桑叶少成钱；
耕夫与蚕妇，相见勿忧煎。

白鹤土中秀，水牯遍山青；
高低皆得稔，地土喜安宁；
三冬足严冻，六畜主伤刑。

癸酉年　人民亦快活。
雨水在三春，叶冻阴无实；
蚕娘提筐走，争忙蚕欠叶；
陇头蝴蝶飞，耕夫愁未割。

春夏人厌雨，秋冬混鱼鳖；
早禾全得收，晚禾尤半活；
丝棉惯例高。搔抽多耗折；
燕宋少桑麻，齐吴丰豆麦；
禾稻不增加，风强主盗贼。

甲戌年　五谷有蝗虫。
吴浙民劳役，淮楚粮难丰；
蚕娘提筐走，田夫枉用工；
早禾虽即好，晚禾一半空；
春夏多淹浸，秋深滴不通；
多种青牛草（油麻），少植白头公（稻也）；
六畜冬多疫，又恐犯奸凶。

春来桑叶贯，秋至麦粮高；
农田犹得半，一半是蓬蒿。

乙亥年 高下总无偏。

淮楚忧水潦，燕吴禾麦全；
九夏甘泉渴，三秋衢通船；
蚕娘吃青饭（桑叶），两眼泪涟涟；
丝绵各处贵，麻麦不成钱；
六畜多瘴疾，人民少粮缠。

蚕娘眉不展，携篮讨叶忙；
更看五六月，相对哭流郎。

丙子年 春夏多雨水。

桑叶无人要，青女多淹毁（秧也）；
黄龙土内盘，化成蝴蝶起；
高田半成实，低下未后喜；
鲁卫多炎热，齐楚五谷美。

五谷忧鼠耗，豆麦半中收；
蚕娘空房坐，前喜后还愁；
丝绵绸绢贵，税赋急啾啾。

丁丑年 高下勿得收。

桑时初还贱，蚕娘未免愁；
春夏多淹没，鲤鱼庭际游；
燕宋生炎热（旱也），秦吴渺漠浮（水也）；
黄牛冈际卧，青女逐波流（秧也）；
六畜多瘴难，家家无一留。

少种黄蜂子（麦也），多下白头公（禾也）；
农夫相对贺，尽道岁年丰。

戊寅年　高下禾苗好。
桑叶枝头空，养蚕争斗吵；
吴楚植麦多，齐燕米谷少；
三春流郎归，九秋多麦草；
百物价例高，经商相懊恼。

虎狼行村乡，人民皆被伤；
冬冷严霜雪，灾劫起妖狂；
早取田家米（禾也），莫见犯风寒。

己卯年　黎民多快活。
春来雨水多，种植还逢渴；
夏秋足流荡，家家足淹没；
蚕娘沿路行，无叶供蚕箔；
黄龙山陇卧（麦也），逡巡化蝴蝶；
禾稻秋来秀，农家早收割；
淮鲁人多疾，吴楚桑麻阔。

春中溪阔渴，秋苗入土焦；
蚕姑望天泣，桑叶树下飘；
黄牛不成粒，六畜不坚牢；
三秋多淹没，九夏白波涛。

庚辰年　燕卫灾殃里。
六畜尽遭丧，田禾黄虫起；
春夏地竭泉，秋冬丰实子；
桑叶贱如土，蚕娘丝少取。

少种豆与米，多种桑与麻；

家家皆得收，处处总相似；
春夏少滴流，秋冬饱雨水；
农务急如煎，莫待冰冻起。

辛巳年 鲤鱼庭际中。
高田犹望可，低下枉施工；
桑叶初来贱，末后贵难逢；
蚕娘相对泣，筐箱一半空；
燕楚麦苗秀，赵齐禾稻丰；
六畜多瘴气，人民疟疾重。

太岁逢白蛇，人民实可嗟；
春水桑蚕坏，炎天疾病加；
北地还犹可，南方灾难奢；
谷熟民多损，行人半着麻。

壬午年 水旱不调匀。
高田还可望，低下枉施勤；
蚕叶家家秀，蚕娘多喜欣；
蚕姑皆望叶，及早莫因循。

吴楚好蚕麦，鲁卫分多灾；
多下空心草，少种老婆颜；
桑叶后来贵，天虫及早催；
晚禾纵淹没，耕夫不用哀。

癸未年 高下尽堪怜。
一井百家共，春夏少甘泉；
燕赵豆麦秀，齐吴多颇偏；
天虫常岁倍，讨叶怨苍天；

六种宜成早，青女得貌鲜（秧好）。

岁若逢癸未，田蚕多称意；
青牛山上秀（油麻），一子倍盈穗；
更看三秋后，产满闲田地。

甲申年 高低实可忧。
春来多淹没，秋夏杳无流；
早晚枯焦死，人行鱼道游；
鲁卫主瘟瘴，燕齐粒不收；
桑叶前后贵，蚕娘不用愁。

岁逢甲申里，干旱切须防；
高低苗不秀，相看意彷徨；
舟船空下载，仰面哭流郎。

乙酉年 田夫亦辛苦。
早晚虽收半，雨水不调匀；
燕鲁桑麻好，荆吴豆麦臻；
蚕娘虽哭叶，簇上白如银；
三冬雪严冻，淹没浸车轮。

田蚕半丰足，耕作不宜迟；
空心多结子（油麻），禾稻恐蝗飞；
看蚕娘贺喜，抽茧胜银丝。

丙戌年 夏秋无甘泉。
春冬多淹没，莫怨天旱禾；
宜早下晚稻，旱流连扬益；
芝麻乏吴齐，吴齐最可怜；

桑叶初生贱，蚕老却成钱。

岁临于丙戌，高下皆无失；
豆麦穿土长，在处得成实；
六畜多瘴侵，人民有灾疾。

丁亥年 高低尽可通。
吴越桑麻好，秦淮豆麦丰；
三冬足雨水，九夏永无踪；
桑叶前后贵，簇畔不施工。

夏种秋逢渴，秋成得八分；
人民多疾疫，六畜尺遭迍；
蚕娘空自喜，蚕多茧不成。

戊子年 疾横相侵夺。
吴楚多灾瘴，燕齐民快活；
种植高下遍，鼠耗不成封；
春夏淹没场，秋冬土龙渴；
桑叶头尾贵，簇簇如霜雪。

岁中逢戊子，人民饥横死；
玉女土中成（稻也），无人收拾汝；
若得见三冬，瘟瘟方始起。

己丑年 高低得成穗。
燕鲁遭刀兵，赵魏好妖溃（乱也）；
春夏豆麦丰，秋多苗谷媚；
玉女田中卧（禾也），耕夫多困睡（病也）；
桑叶自青青，蚕娘少相会。

岁名值破田，人病不安然；
但到秋收后，早晚得团圆；
金玉满街道，罗绢不成钱。

庚寅年　人物事风流。
麻麦虽然秀，禾苗多损忧；
燕宋遭淹没，梁吴灾祸侵；
桑叶初生贱，后贵何处求；
田蚕如金价，争奈好搔抽。

虎年高下熟，水旱又当年；
黄龙耕土出（麦也），青牛卧陇前（油麻也）；
稼穑经霜早，田家哭泪涟；
更看来春后，人民相逼煎。

辛卯年　高下甚殷勤。
麻麦逢淹没，禾苗得早荣；
秦淮受饥馁，吴燕旱涸频；
桑柘不生叶，蚕姑说辛苦；
天虫少成实，丝棉换金银；
强徒多瘴疫，善者少灾迍。

玉兔出头年，处处桑麻好；
早禾大半收，晚稻九分饱；
谷米稼穑高，渐渐相煎讨；
要看陇头来，耕夫少烦恼。

壬辰年　高下恐遭伤。
春夏蛟龙斗，秋冬却集藏；

豆麦无成实，桑麻五谷康；
齐鲁绝炎热，荆吴好田桑；
蚕子延筐卧，哭泣问蚕娘；
见茧丝棉少，租税急恓惶。

是岁号壬辰，蚕娘空度春；
禾苗多有损，田家又虚惊；
祈保收成日，却得六分钱。

癸巳年 农夫半忧色。
丰歉各有方，封疆多种夺；
楚地多炎热，荆吴无灾厄；
桑柘叶苗秀，天虫茧如雪；
粟麦少偏颇，晚禾半收得。

蛇头为岁号，陆种有虚耗；
秋成五六分，老幼生烦恼；
三冬足冰雪，晚禾宜及早。

甲午年 人民不用忧。
禾麦皆荣秀，高田全得收；
吴越多风雹，荆湘井涸流；
蚕娘争竞走，哭叶闹啾啾；
蚕老多成茧，何须更尽忧。

蛇去马将来，稻麦喜倍堆；
人民无疾病，牛羊亦少灾；
识候丰年里，耕夫不用猜。

乙未年 五谷皆成穗。

燕赵少田桑，偏益丰吴卫；
春夏足漂流，秋冬少旱地；
桑叶初生贱，晚蚕还值贵；
人民无灾伤，六畜有瘴气；
六种不宜晚，收拾无成置。

岁逢羊头出，高下中无失；
叶贵好蚕桑，千金皆有实。

丙申年　高下浪涛洪。
春夏遭淹没，秋冬杳不通；
早禾虽得割，晚稻枉施工；
燕宋好豆麦，秦淮麻未空；
天虫相趁走，蚕妇哭天公；
六畜多灾气，人民卒暴终。

岁首逢丙申，桑田亦主迍；
分野须当看，节候助黎民。

丁酉年　高低徒种植。
春夏遭淹没，秋冬少流滴；
吴楚足悲嗟，荆扬须叹息；
桑柘叶茂盛，天虫半中失；
筐箱少丝棉，蚕娘无喜色。

岁逢见丁酉，蚕叶多偏颇；
豆麦有些些，禾苗高下可；
六畜瘴气多，五谷不成颗。

戊戌年　耕夫渐渐愁。

高下多偏颇，雨水在春秋；
燕宋豆麦熟，齐吴禾未收；
桑叶初生贱，蚕娘未免忧；
牛羊逢瘴气，人物主漂游。

戊戌忧灾启，耕夫不足欢；
早禾虽即稔，晚稻不能干；
一晴兼一雨，三冬多雪寒。

己亥年 人民多横起。
秋冬草木枯，春夏少秧子；
豆麦熟燕吴，桑麻淮鲁死；
叶落天虫多，蚕娘面无喜；
稼穑不值钱，仓囤缺粮米。

岁逢己亥初，贫富少粮储；
蚕娘相对泣，采叶扳空枝；
更看夏秋里，蜂蝶满树飞（蝗也）。

庚子年 人民多暴卒。
春夏虽淹没，秋冬少饥渴；
高田犹得半，晚稻无可割；
秦淮足流荡，吴越多劫夺；
桑叶虽后贱，蚕娘情不悦；
见蚕不见丝，徒劳用心切。

鼠耗出头年，高低多偏颇；
更看三冬里，山头起墓田。

辛丑年 疾病稍纷纷。

吴越桑麻好，荆襄米麦臻；
春夏均甘雨，秋冬得十分；
桑叶树头秀，蚕娘自喜欣；
人民渐苏息，六畜瘴逡巡。

岁丑牛为首，高低好种田；
人民无疾恶，快活好丰年。

壬寅年　高下尽皆丰。
春夏水甘阔，秋冬处处通；
蚕叶熟吴地，谷麦益江东；
桑叶不盛贵，蚕丝却半丰；
更看三秋里，禾稻穗重重；
人民虽富乐，六畜尽遭凶。

虎首值岁头，处处好田畴；
桑柘叶不贵，蚕娘免忧愁；
禾麦多成实，耕夫不用悲。

癸卯年　高下半忧喜。
春夏雨雹多，秋来缺雨水；
燕赵好桑麻，吴地禾稻美；
人民多疾灾，六畜瘴烟起；
桑叶枝上空，天虫无可食；
蚕妇走忙忙，提筐相对泣；
虽得丝棉多，费尽人心力。

癸卯兔头丰，高低禾稻浓；
农夫皆勤种，贮积在三冬；
桑叶虽然贵，丝绵却已丰。

甲辰年 稻麻一半空。

春夏遭淹没，秋冬流不通；
鲁地桑蚕好，吴邦谷不丰；
桑叶末后贵，相贺好天虫；
估买价例贵，雪冻在三冬。

龙头属甲辰，高低共五分；
豆麦无成实，六畜亦遭迍；
更看冬至后，霜雪盛纷纷。

乙巳年 高低禾麦翠。

春夏多漂流，秋冬五谷倍；
豆麦丰燕齐，桑柘损吴会；
天虫筐内走，蚕娘哭叶贵；
丝棉不上秤，疋帛价无对。

蛇头值岁初，谷食有盈余；
早禾莫令晚，蚕亦莫教迟；
夏里麦苗秀，三秋成实肥。

丙午年 春夏水流洪。

鲁卫逢灾疫，谷熟益江东；
种植益高地，低田遭水冲；
天虫见丝少，桑柘贱成笼；
六畜多瘟瘴，人民卒少终。

马首值其岁，丰稔好田桑；
春夏须防备，种植怕流郎；
豆麦饼麻粟，偏好宜高冈。

丁未年 苦焦秋后槁。

早禾稔会稽，晚禾丰吴沼（水田）；
宜下黄龙苗，不宜空心草；
桑叶前后贵，天虫见丝少；
春夏雨水调，秋来忧失稻；
是物稼穑高，丝绢何处讨。

若遇逢羊岁，高低半中收；
瘴烟逢六畜，民庶也须忧。

戊申年 丰庶人烟美。

燕楚足田桑，齐吴熟稻子；
黄龙土中卧，化作蝴蝶起；
种植莫教低，结实遭洪水；
桑叶枝头空，蚕娘徒自喜。

高下偏宜早，迟晚见流郎；
豆麦无成实，淹没尽遭伤；
更看三冬里，蝴蝶得成餐。

己酉年 高下一般般。

鲁卫丰豆麦，淮吴好水田；
桑柘空留叶，天虫足颇偏；
蚕娘相怨恨，得茧少丝棉；
六种宜于早，收成可十全。

酉岁好桑麻，豆麻益家家；
百物高腾价，人民在生涯；
春夏遭淹没，三冬雪结花。

庚戌年 瘴疫害黎民。
禾麻吴地好，麦稔在荆秦；
春夏漂流没，秋冬被水侵；
桑柘叶虽贵，天虫成十分；
田夫与蚕妇，相见喜欣欣。

岁逢庚戌首，四方民物宽；
高下田桑好，麻麦豆苗蔓；
严冬多雨雪，收成莫犯寒。

辛亥年 耕夫多快乐。
春秋雨均调，秋冬好收割；
燕淮无瘴疾，鲁卫不饥渴；
桑叶前后贵，蚕娘多喜悦；
种植宜山坡，苗禾子盈结。

猪首值岁中，高下好施工；
耕夫与蚕妇，争不荷天公；
六畜春多瘴，积薪供过冬（主春冬多寒也）。

壬子年 旱涸耕夫苦。
早禾一半空，秋后无甘雨；
豆麦熟齐吴，饥荒及燕鲁；
桑柘贵中买，丝棉满箱贮；
百物无定价，一物五商估。

鼠头出值年，夏秋多甘泉；
麻麦不宜晚，田蚕宜向前；
更忧三秋里，疟疾起偏偏。

癸丑年　人民多宜煎。
淮吴主旱涸，燕赵足流连；
黄龙与青牯，价例觅高钱（麻多贵）；
桑柘叶不长，蚕娘愁不眠；
禾麦多蝗虫，收成苦不全。

岁号牛为首，田桑五分收；
甘泉将复缺，淹没在三冬；
六畜遭瘴厄，耕犁枉费工（主牛多死）。

甲寅年　早晚不全收。
春夏遭淹没，调释在秋冬；
虎豹巡村野，人民不自由；
鲁卫多炎热，秦吴豆麦稠；
桑柘前后贵，得半勿搔抽。

虎岁民不泰，耕种枉施工；
桑柘叶难得，又是少天虫；
五谷价初高，往后亦平中。

乙卯年　五谷有盈余。
秦燕麻豆好，吴越足粮储；
春夏水匀调，秋冬鲤入闾；
天虫虽则好，桑叶树头无；
蚕娘相对泣，得茧少成丝。

岁中逢乙卯，高下好田桑；
豆麦山山熟，禾苗处处康。

丙辰年 春来雨水缺。
豆麦乏齐燕，田蚕好吴赴；
牛犊瘴烟生，亦兼多疟疾；
桑叶树头多，蚕丝白如雪；
夏秋无滴流，深冬足淹没。

龙来为岁首，淹没应须有；
豆麦宜早种，晚随波流走。

丁巳年 丰熟民多害。
鲁卫豆麦少，秦宋桑麻大；
高低总得成，种植无妨碍；
桑叶前后空，天虫好十倍；
春夏遭淹没，偏并在秋冬。

蛇首值岁中，耕夫宜用工；
种时须及早，宜多下麦青；
黄龙搬不尽，青牯莫教迟；
蚕娘虽哭叶，还得秤头丝。

戊午年 高低一半空。
掩楚遭淹没，荆吴足暴风；
豆麦宜低下，麻稻得全功；
桑叶从生贱，蚕老贵丝从；
蚕娘重蚕美，丝棉倍常中。

喜逢今岁里，蚕叶无颇偏；
种植宜于早，美候见秋前；
虽然夏旱涸，低下得全收。

己未年　种植家家秀。
燕魏熟田蚕，吴楚粮储茂；
春夏流郎归，鲤鱼入庭牖；
桑叶应时贱，田事宜麦豆；
稻谷结实多，宜在三秋后。

是岁值羊首，高低民物欢；
稼穑多商贾，来往是交关；
农夫早种后，莫候北风寒。

庚申年　高下喜无偏。
燕宋田桑好，淮吴米麦全；
六畜多灾障，人民少横缠；
桑叶与耕夫，蚕妇欢笑喜；
欣欣秋来有，秋叶价相连。

年若遇庚申，四方民物新；
耕夫与蚕妇，欢笑喜欣欣；
秋来有淹没，收割莫因循。

辛酉年　高低禾不美。
齐鲁多遭伤，秦吴六畜死；
秋冬井无泉，春夏沟有水；
豆麦山头黄，农夫挑不起；
蚕娘筐中泣，叶贵蚕饥馁；
种植宜及早，迟晚防有水。

酉年民多瘴，田蚕七分收；
豆麦高处好，低下恐难留。

壬戌年 高低半可忧。
秦吴遭没溺，梁宋豆麦收；
叶贱天虫少，缺漂苗不稠；
雨水饶深夏，旱涸在高秋；
六畜遭灾瘴，田家少得牛。

岁下逢壬戌，耕种宜麦粟；
低下虚用工，漂流无一粒；
春冬灾瘴起，还须伤六畜。

癸亥年 家家乐岁丰。
春夏亦多水，豆麦主漂蓬；
种时宜及早，晚者不成工；
吴地桑叶贵，江越少天虫；
禾麦还结实，旱涸忌秋中。

岁逢六甲末，人民亦得安；
田桑七成熟，赋税喜皇宽；
豆麦宜高处，封疆绝盗奸；
割禾须及早，莫待极寒天。